목소리가 바뀌면
강의가 즐거워진다

저자 안 영 무
감수 최 홍 식

한성대학교출판부

:: 목 차

4 자신의 본래 목소리 찾기

5 목소리가 만들어지는 과정

6 발성훈련

10 목 관리

11 연기화법

12 사례별 목소리 고민 상담

:: 추천의 글

안 교수님은 패션 분야의 교수로서 음성학에 대한 관심과 연구를 진행하고 있는 점이 매우 흥미롭습니다. 발성과 음성학은 교육과 의학 분야를 넘나드는 주제로 많은 독자들에게는 낯선 분야일 수 있습니다. 하지만 안 교수님은 이러한 내용을 쉽고 재미있게 설명하기 위해 도해, 도표, 그림, 사진 등 다양한 시각적 자료를 활용하고 있습니다. 이를 통해 독자들이 쉽게 내용을 이해하고 습득할 수 있도록 돕고 있습니다.

안 교수님은 예전에는 강의를 하면 쉽게 피로감을 느껴왔다고 합니다. 하지만 목소리 훈련을 통해 목의 건강이 개선되어 이제는 마이크 없이 몇 시간이고 강의해도 지치지 않는다고 합니다. 실제로 안 교수님께서는 이러한 훈련 과정을 직접 체험하고 그 효과를 입증하며 강의를 즐기고 계십니다. 또한, 책에는 다양한 목소리 훈련 체험 과정에 대한 이야기가 덧붙여져 있어 더욱 흥미롭고 독자들에게 유익한 정보를 제공하고 있습니다.

안 교수님은 교육과 연구 분야에서 뛰어난 성과를 내셨습니다. 국내에서는 최초로 웨어러블 컴퓨터를 소개하고, 다수의 논문을 발표하였습니다. 그 외에도 교수님은 『패션소재개발』이라는 책을 러시아어로 출판하였으며, 이는 우즈베키스탄 타슈켄트 섬유경공업대에서 대학 교재로 사용되고 있습니다. 이를 위해 현지에서 대학원생, 대학 강사, 교수들을 대상으로 강의와 세미나를 개최하며, 섬유패션 분야에서의 교육에 적극적으로 참여하고 계십니다.

"목소리가 바뀌면 강의가 즐거워진다"는 교육과 연구 분야에서 성공적인 업적을 남기신 분의 소중한 경험과 노하우를 담은 책입니다. 이 책은 교육자뿐만 아니라 목을 주로 사용하는 모든 분야의 사람들에게 매우 유익한 자료일 것으로 생각됩니다. 안 교수님의 풍부한 지식과 경험을 담은 이 책을 통해 독자들은 목소리 훈련의 중요성과 그에 따른 장점을 알게 되고, 실천하면서 많은 이들에게 목소리와 강의의 즐거움이 전달되길 기대합니다.

한성대학교 총장 이 창 원

:: 머 리 말

제가 처음 강단 위에 섰을 때가 떠오릅니다. 수많은 학생들의 시선을 한 몸에 받으며 강의를 한다는 것이 어찌나 어색하고 진땀나던지……

어릴 적부터 조용하고 내성적인 편이었기에 긴장되었던 첫 강의 이후 강의에 대한 부담감은 줄곧 제게 숙제로 남겨졌습니다. 전문영역에 관한 연구라면 누구보다 잘할 수 있다는 자신감이 넘쳤지만 학생들 앞에 나서서 말하고 전달하는 일은 또 다른 영역의 것이었습니다.

특히 '교수님 목소리가 단조로워서 수업이 지루하고 졸립니다'라는 강의평가를 받았을 때의 충격은 지금도 잊을 수가 없습니다. 그렇게 강의에 대한 고민과 부담을 안고 지내던 중 급기야 강의를 하다가 목을 다치는 사고까지 겪게 되면서 본격적으로 목소리에 대한 관심을 갖게 되었습니다.

'어떻게 하면 목을 다치지 않고 건강한 목소리를 낼 수 있을까?'라는 지극히 개인적인 화두에서 시작된 목소리에 대한 관심은 이후 점차 교수자들에게도 목소리 훈련이 필요하다는 결론에 이르렀고, 교수자들을 위한 목소리 연구가 필요하다는 생각을 하게 되었습니다. 목소리에 대한 관심을 가지고 여러 가지 목소리 트레이닝을 거치면서 가수나 아나운서, 성우를 위한 발성법은 많은데 비해 교수자들을 위한 발성법 연구가 전무함을 알게 되었기 때문입니다.

아나운서, 성우들과 마찬가지로 교수자도 목을 도구로 사용하는 직업인입니다. 때문에 교수자들도 목을 주로 쓰는 직군과 같이 발성의 원리를 이해하고 적극적으로 발성 훈련을 하면서 고질적인 목소리 질환들을 이겨내고 건강한 목소리를 유지하며 강의해야 한다고 생각하게 되었습니다.

목소리는 외모처럼 타고나기도 하지만 성대 역시 근육기관이기 때문에 얼마든지 단련하여 음성체력을 기를 수 있습니다. 음성체력을 기르고 올바르게 소리를 내게 되면 목을 다치지 않고 긴 시간 강의를 해도 지치지 않을 수 있습니다. 또한 강의 전달력도 향상되어 긍정적인 피드백을 얻을 수 있지요.

목소리를 연구하고 목소리에 대한 관심이 있다 보니 이제는 복도를 지나면서 누군가의 강의를 듣게 되면 그냥 지나쳐지지 않습니다. 목소리 울림이 좋고 힘이 있네라고 느껴지는 교수자도 있지만, 목으로만 소리 내면 목이 상할텐데, 너무 높은 소리를 내네 등 교수자에게 목소리에 문제가 있구나 싶은 경우가 있기 때문입니다. 그럴 때면 너무도 안타까운 마음이 들곤 합니다. 조금만 관심을 가지면, 조금만 노력하면 얼마든지 건강하고 단단한 목소리로 오랫동안 강의할 수 있을 텐데, 싶은 마음이 드는 거지요.

강의를 오래한 교수들의 흔한 고민 중 하나가 '강의하는 것이 갈수록 힘이 든다'는 것입니다. 체력적으로 힘에 부친다는 의미이기도 합니다. 나이가 들면 성대의 힘이 떨어져 발음이 분명하지 않고 따라서 강의 전달력도 떨어지게 되는 것은 흔하고 자연스러운 현상입니다. 뿐만 아니라 약해진 성대 때문에 목이 쉽게 다치고 그로 인해 신체 전반적으로 피로감을 더 크게 느끼도록 만들기도 합니다.

목소리는 지금도 건강해야 하지만 앞으로도 건강한 목소리를 유지하는 것이 중요하다고 생각합니다. 발성기관은 근육으로 이루어져있어 노화의 작용을 받습니다. 그래서 목소리만 듣고도 나이를 대충 어림잡을 수 있는 것입니다. 나이보다 어려보이는 동안이 있듯이 목을 잘 관리하여 건강한 목소리를 내도록 노력한다면 나이가 들어도 젊고 건강한 목소리를 낼 수 있다고 확신합니다.

이 책은 강의를 주된 업으로 하는 교수자로서 누구보다 좋은 목소리의 필요성을 절실히 알고 갈망했던 제가 겪었던 체험을 바탕으로 누구나 쉽게 트레이닝할 수 있도록 구성했습니다. 이 책을 접하는 분들도 목소리의 중요성을 한 번 더 생각하고 자신에게 어울리는 자신만의 목소리를 찾기 위해 노력하며 맞춤 훈련을 하는데 도움이 되기를 바랍니다.

끝으로, 극기훈련 캠프에서 목 터져라 함께 외쳤던 대한스피치앤리더십센터 정순인 원장님.

목을 전문적으로 사용하는 사람에게 응급시는 물론 평상시에도 목을 잘 관리할 수 있도록 방법을 전수해 주신 보이스 클리닉 서동일 원장님.

목소리 연구 기초를 체계적으로 잡아 주신 목소리학교 임준규 원장님.

표준 발음과 아나운서 낭독법을 알려주신 KBS 유애리 아나운서님, 김은성 아나운서님.

목소리 완성인 연기화법의 기회를 주신 리얼보이스 성우학원 양희문 원장님.

이탈리아산 벨칸토 발성법을 알려주시고 발성 원리에 대해 끊임없이 고민하도록 해주시는 패밀리 합창단 이동원 지휘자님.

성악의 관점에서 원고를 꼼꼼히 살펴보며 귀중한 조언을 해주신 김천대학교 공연예술학부 학부장이자 김천 시립합창단 지휘자 이태원 교수님.

교육학 관점에서 원고를 세심하게 검토하여주신 한성대학교 교육대학원 신재흡 교수님.

원고를 감수해주시면서 음성학 지식을 전해주고 임상 사진과 자료들을 제공해주신 연세대학교 의과대학 음성언어의학연구소 최홍식 소장님.

사진을 예쁘게 찍어준 임경태 조교, 이수연 학생.

일러스트 작업을 해 준 다츠 김현아님.

자신의 얼굴 사용을 허락하여 멋진 표지가 나오도록 해준 학생들.

책을 내기까지 함께 힘써 주시며 많은 격려와 응원으로 지켜봐주신 모든 분들께 감사의 인사를 전합니다.

1. 서 론

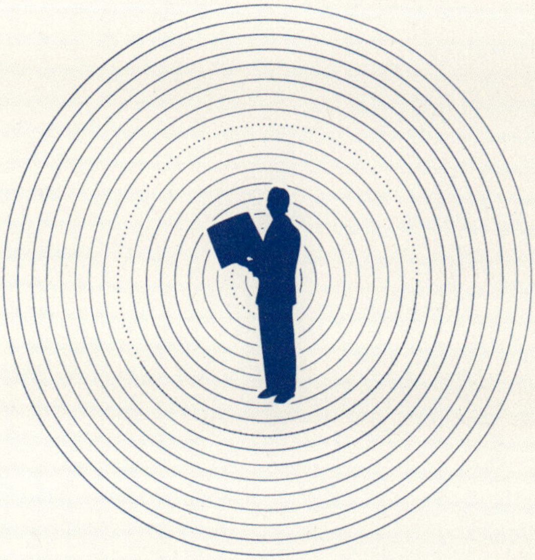

목소리가 바뀌면 강의가 즐거워진다

1 서 론

어느 날 강의실에서 생긴 일

현대 아산병원 방사선과 교수들과 몸에 삽입하는 스텐트에 대한 공동연구를 진행하던 때의 일입니다. 패션학부의 강의를 하고 있는 교수이지만 평소 다양한 분야에 관심이 많고 배우는 것을 좋아하는 성향 탓에 여러 분야의 사람들과 교류하는 것을 좋아했습니다. 때문에 패션과 크게 관련이 없는 인연도 생기곤 했죠. 스텐트 공동연구 역시 마찬가지였습니다.

당시에는 그 연구를 위해 매주 수요일 새벽 7시부터 약 3시간 가량 회의를 하고 나서도 매일 관련 업체들을 찾아다니는 게 일상이었습니다. 자연히 어느 순간부터 학교 일보다는 공동연구에 집중하는 시간이 더 많아지게 되었습니다. 인간의 생명을 다루는 가치 있는 일을 하고 있단 생각에 심취하다 보니 본업인 강의는 점점 소홀해진 것이었습니다. 이미 10년의 강의 경력이 쌓인 탓에 어쩌면 안일하게 생각하고 넘어간 부분이 있었는지도 모릅니다.

그러한 마음가짐으로 강의를 하다 보니 강의를 하면 학생들이 '그 내용은 이미 지난주에 수업했습니다'하고 지적하는 일도 종종 있었습니다. 수업을 하면서 성대에서 뒷골 쪽으로 날카롭게 긋는듯한 통증을 느끼기도 했습니다. 자연스럽게 소리를 크게 내는 일이 힘들었고 점점 목소리를 내는 일이 부담되어졌습니다. 뿐만아니라 여러 가지 성대 사고도 동시다발적으로 생겨났습니다. 강의 중에는 목이 칼칼하고 건조해져 헛기침을 자주했고 강의를 마친 후에도 귀가 간질거리거나 목이 아프고 평소보다 피로감을 더 느끼곤 했습니다.

그러던 중, 결정적인 사고가 일어났습니다. 탐구관 지하 강당 강의실에서 많은 학생들을 상대로 강의를 하게 되었는데 큰 공간에서 소리를 지르다시피 강의를 하다 보니 강의를 시작한 첫 주만에 목이 쉬어 소리가 나지 않는 지경에 이르게 되었습니다.

그제야 아차, 하는 마음이 들었고 다행히도 학교에서 멀지 않은 곳에 목소리 클리닉이 있어 찾게 되었습니다. 클리닉에서 몇 가지 간단한 훈련을 했을 뿐인데 목소리는 놀라울 정도로 빠르게 회복되었고 오히려 다치기 전보다 더 단단한 목소리를 갖게 되는 경험을 하게 되었습니다. 이 일이 있은 뒤, '어떻게 하면 목을 다치지 않으면서 건강한 목소리를 낼 수 있을까?'라는 질문을 품게 되었습니다. 그리고 건강한 목소리 만들기를 화두로 목소리 연구를 시작하게 되었습니다.

당시만 해도 가수나 아나운서, 성우, 성악가를 위한 발성법은 강조되고 있었지만, 교수나 강의를 전문으로 하는 이들을 위한 발성법 연구는 매우 드물었습니다. 누구보다도 목소리를 많이 쓰는 직업임에도 불구하고 말입니다. 겨우 교육학 논문지에서나 가끔 찾아볼 수 있는 수준이었습니다. 하지만 그마저도 대부분은 교수방법에 치우쳐 있었고 목소리 자체에 대한 관심이나 연구는 턱없이 부족하다는 것을 알게 되었습니다.

아나운서, 성우들과 마찬가지로 교수자는 목을 도구로 사용하는 직업인입니다. 때문에 교수자들도 목을 주로 쓰는 직군과 같이 발성의 원리를 이해하고 적극적으로 발성훈련을 하면서 고질적인 목소리 질환들을 이겨내고 건강한 목소리를 유지하며 강의해야 한다고 생각하게 되었습니다.

목소리 훈련이라는 신세계

지금은 교수라는 직업을 통해 여러 학생들 앞에 서서 말을 하는 일을 하고 있지만 어린시절의 저는 남들 앞에 나서서 말을 한다는 건 상상도 할 수 없을 정도로 소극적이고 조용한 아이였습니다. 그러나 조금 이상하게도 마음속으로는 늘 반대의 모습을 꿈꾸곤 했는데 그것은 바로 나도 남들 앞에서 당당하고 자신감있게 이야기를 하고 싶다는 열망이었습니다. 그래서인지 스피치에 대한 관심이 늘 저를 따라다녔습니다. 대학교에 재학 중일 때에는 스피치에 관련된 책들을 많이 읽었고 대학 강단에 교수자로 서게 되면서 제일 먼저 한 일도 스피치 학원을 다니는 일이었습니다.

패션산업학부 교수로서 오랜 세월을 강의한 제가 갑자기 목소리에 관한 책을 내고 목소리 연구를 한다고 하니 뜬금없게 여겨질 수도 있겠지만 사실 이렇게 스피치에 대한 관심은 아주 오래전부터 저의 관심 영역이었던 것입니다. 지금까지 목소리와 말하기에 관한 공부를 하면서 제 관심은 크게 4가지 단계로 변화되어 왔습니다.

처음 관심은 스피치 기술과 관련된 것이었습니다. 남들 앞에서 말을 잘하고 싶다는 생각 때문이었습니다. 다양한 스피치 서적으로 독학하다가 본격적으로 스피치 학원, 웅변학원 등을 다니기도 했습니다. 그러던 중 강의를 하다 목을 다치는 사고가 있었고 그 사건을 계기로 단순히 말하는 기술보다는 목소리 자체, 올바른 발성과 음성체력이라는 것에 대한 쪽으로 관심의 방향이 바뀌게 되었습니다.

음성체력을 기르는 일이 무엇보다 우선되어야 한다는 생각을 하게 되었고 그 후에 목소리학교, 성우학원, 성악합창단 등에서 목소리 훈련과 관련된 다양한 경험을 쌓게 되었습니다.

표 1. 단계별 목소리 연구

	관심부분	계기
1단계	스피치	소극적인 성격 개조
2단계	음성체력	목을 심하게 다치고 난 뒤
3단계	연기화법	목소리에 대한 공부 중
4단계	목관리	건강한 목소리 유지

강의를 할 때 목소리가 중요한 이유

강의할 때 중요한 능력으로 대개 스피치 기술을 제일 먼저 떠올리곤 합니다. 유려하고 매력적인 말솜씨, 효과적이고 설득력있는 표현능력은 강의에 종사하는 교수자가 아니더라도 현대사회를 살아가는 대부분의 사람들에게 확실히 유용합니다. 특히 취업면접을 앞두고 있는 사람이나 기업내 프리젠테이션, 영업직, 교수자 등 말하기가 중요한 직업이나 상황일수록 스피치기술은 더욱 주목받습니다. 그러나 저는 스피치기술보다 우선되어야 하는 것이 바로 목소리 훈련이라고 생각합니다. 특히 교수자의 목소리는 학생들의 학습활동에 직간접적인 영향을 미치므로 교수자의 목소리 또한 교육활동의 매체 중 일부로 여겨지고 있습니다.

대학강의에서는 매 학기가 끝날 무렵 학생들에게 한 학기 동안 강의가 어떠했는지 평가하도록 하고 있는데, 저 역시도 초창기 강의평가에서 학생들로부터 혹독한 비평을 받은 적이 있었습니다.

'교수님은 열정적이시지만 수업은 너무 졸립니다', '너무 지루한 수업입니다', '목소리가 잘 안들립니다', '힘있게 수업을 진행했으면 좋겠습니다' 등의 가감없이 솔직하고 뼈를 때리는 학생들의 평가내용을 보면서 교수자의 목소리가 학생들에게 미치는 영향이 크다는 사실과 교수자의 목소리가 중요하다는 점을 다시 한번 느끼기도 했습니다.

목소리와 수업집중도의 상관관계

강의 시 교사의 목소리가 학생들에게 미치는 영향에 대한 연구가 있습니다.[1] 학생들이 생각하는 좋은 수업에서 가장 중요하게 생각하는 것은 무엇인가에 대한 연구에서 분명한 발음과 깨끗한 목소리가 가장 중요한 것으로 나타났습니다. 이어 '교사의 목소리가 수업에 집중하는데 영향을 미쳤는가?'라는 질문에 아주 그렇다(19.8%)와 그렇다(47.4%)의 대답이 전체의 67.2%를 차지하며 목소리가 강의내용의 전달과 수업집중도에 미치는 영향력이 매우 크다는 것을 증명하기도 했습니다.

1) 신나민, 이정훈 (2009). 교사의 목소리 매체에 대한 학생의 감정적 반응 및 선호하는 교사 목소리의 특질. 교육공학연구, 25(4), 29-52.

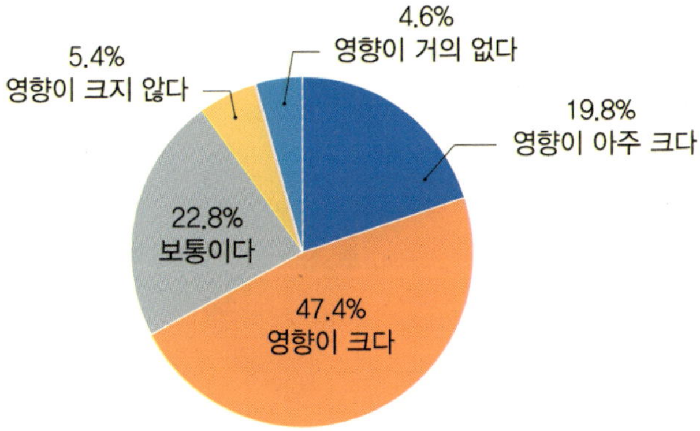

그림 1. 교사의 목소리가 수업집중도에 미치는 정도

교사의 목소리에 관한 연구에서 학생들이 시각적 단서가 없이도 목소리만으로 교사의 성과 연령, 건강, 성격, 수업 방식 등의 정보를 유추하고 교사의 목소리가 내용 전달과 집중도에 있어서 학생들의 학습활동에 직간접적인 영향을 미치는 것으로 나타났습니다. 당연하게도 학생들은 발음이 분명하고 소리가 깨끗하며 높낮이 변화가 적절하고 편안한 목소리의 교수자를 선호했으며 감정이 없는 목소리를 부정적으로 평가했습니다.

청각이 주는 이미지는 첫인상뿐 아니라 오래 지속되는 장기기억에도 영향을 줍니다. 미국의 사회심리학자 앨버트 메라비엔의 연구[2)]에 따르면, 우리에게 정보전달을 할 때 영향을 미치는 요인은 음성, 표정, 태도, 내용의 순서로 큰 효과를 보인다고 발표했습니다. 메시지를 전달할 때 목소리가 38%, 표정(35%)과 태도(20%) 등 보디랭귀지가 55%이며 말하는 내용은 겨우 7% 비중을 차지한다는 것입니다. 이는 목소리와 표정이 좋으면 내용을 잘 전달할 수 있다는 것을 의미하며 특히 목소리가 좋으면 메시지 전달의 3분의 1 이상 성공한 것이라는 뜻이기도 합니다.

---

2) Albert Mehrabian (1972). *Nonverbal communication*. OX, U.K.: Routledge.

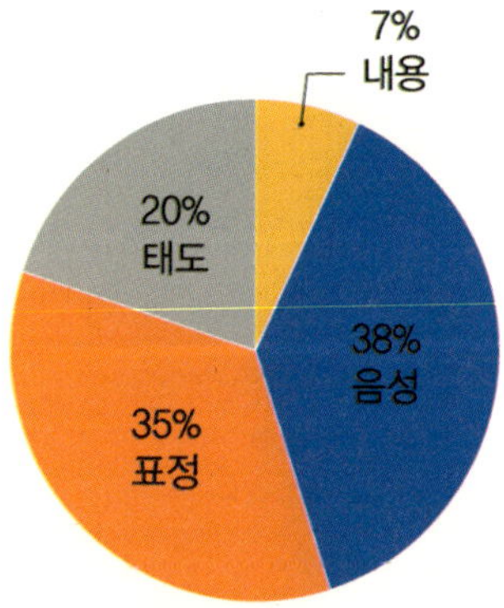

그림 2. 정보전달에 영향을 미치는 요인

목소리 훈련을 받는 것은 효과가 있을까

저는 합창단에서 노래하는 취미가 있습니다. 하지만 코로나로 인해 약 2년간 활동이 중단되었죠. 학교 강의 역시 동영상 수업으로 대치되는 상황이 길어지게 되었습니다. 방학까지 겹쳐 목소리를 낼 기회는 점점 더 줄어들었습니다.

코로나 상황이 조금 나아지고 난 뒤 합창 연습실에 나갔는데 오랜만에 발성 연습을 하려니 목이 간질거리고 자꾸 헛기침이 나왔습니다. 처음 연습을 시작할 땐 마치 녹슨 기계를 다루는 것처럼 거친 느낌을 받기도 했습니다. 그러나 연습이 반복될수록 마치 윤활유를 칠한 것같이 매끄러워지는 기분이 들었습니다. 다음날부터는 정말로 음성에 다시 울림이 생기고 윤기가 도는 것을 스스로도 확연히 느낄 정도가 되었습니다. 주변에서도 제 목소리가 풍부한 느낌을 준다고 했고요. 이런 경험은 저 뿐만 아니라 함께 연습하던 다른 단원들도 모두 비슷했습니다.

과거에는 목이 약해 강의하다 목을 종종 다쳤지만, 지금은 대형 강의실과 실습실에서 마이크 없이 몇 시간씩 강의해도 지치지 않습니다. 이것은 목소리 훈련을 통해 개선된 결과이며, 그 증거가 되는 것입니다.

그러나 대부분의 사람들은 목소리를 타고난 능력으로 여기며, 나이가 들면 자연스럽게 약해진다고 생각합니다. 그러나 성대는 근육으로 이루어져있으므로 오랜 시간 사용하지 않으면 퇴화되지만 발성훈련을 받으며 적극적으로 관리하면 누구나 목소리에 좋은 변화가 생겨 목소리의 노화를 늦출 수 있으며, 약한 목소리를 건강한 목소리로 개선시킬 수 있습니다.[3)]

이를 위해서는 먼저 자신의 목소리 상태를 정확히 파악해야 합니다. 강의 중 자신의 목소리를 과도하게 혹사하고 있는지, 큰 소리를 자주 내는지, 목이 약해 쉽게 피로해지는지, 호흡이 딸리는지, 발성 자세가 나쁜지, 목에 좋지 않은 습관이 있는지 등을 알아내는 것이 중요합니다.

이 책은 어떻게 구성되어있는가

이제 이책의 특성을 얘기하겠습니다.

먼저, 융합의 시대에서는 다양한 분야를 통합하는 것이 중요하다고 생각합니다. 이는 교육학 분야에서도 마찬가지입니다. 교수자는 각자 전공이 있지만 가르치는 것은 공통된 부분이 있습니다. 그리고 이러한 공통된 부분은 강의의 가장 중요한 매체인 목소리와 발성에 대한 부분입니다. 교수자의 목소리에 대해 연구하다보니 음성학, 해부학, 교육학, 성악, 스피치 등의 분야를 섭렵하게 되었습니다.

그림 3. 목소리연구는 융합학문

3) 우지은 (2016). "목소리 변화가 자신감, 자아존중감, 긍정적 사고에 미치는 영향", 석사학위 논문, 고려대학교 언론대학원 방송전공.

이러한 여러 전공 분야의 어려운 개념을 일반인이 직관으로 이해할 수 있도록, 저자는 그림, 도표, 표, 도형 등 많은 다이어그램을 활용하여 단순화하고 체계적으로 표현하였습니다. 더불어 목소리 훈련 방법에 대해 설명할 때는 저의 체험을 더하여 내용을 더욱 실제적이고 생생하게 전달하였습니다.

이 책에서는 패션이론을 목소리에 적용시킨 개념을 비롯하여 저자가 창안한 다양한 개념들이 소개되었습니다. 예를 들어, '목소리 피치와 청탁에 따른 목소리 이미지 다이어그램'을 비롯하여 '목소리 배리에이션', '목소리 다이나믹', '목소리의 1D, 1.5D, 3D 개념', '목소리 디자인의 3요소', '목소리 훈련 피라미드 구조', '목소리 디자인을 위한 3가지 재료', '목소리의 단계적 훈련', '목소리 훈련의 하드웨어 소프트웨어론', '목열기의 도식적 표현', '목소리 내는 과정의 도식적 표현' 등 다양한 독창적인 개념들이 소개되었습니다.

목소리 훈련에 들어가기 앞서 △목소리란 무엇인지, 교수자들이 흔히 겪게 되는 △성대사고와 목소리 질환, △우리의 몸에서 목소리가 만들어지는 원리에 대해 이해하고, 발성훈련의 첫 단추라 할 수 있는 △자신의 본래 목소리 찾기, △목소리 훈련 및 △목 관리에 대해 공부하며 목소리 공부의 최종 단계인 △연기화법에 대해 공부하도록 구성되었습니다.

목소리 공부는 이론과 실습으로 구성되어 있습니다. 실습을 통해 다양한 목소리를 만들어 보면 자신도 모르게 발성원리를 이해하게 되고 이를 계속 반복하다보면 발성법을 체득하게 되는 과정으로 구성되었습니다.

책 마지막 장은 사례별 목소리 고민 상담입니다. 발성은 오랜 시간 동안 꾸준한 훈련을 통해 습관이 되어 발전됩니다. 그러나 때로는 목소리에 고민이 있는 경우나 당장 문제가 생긴 경우, 이를 해결하기 위해 Q&A 형식으로 유용한 지식을 전달하였습니다. 독자들은 자신에게 맞는 사례를 선택하여 고민을 해결할 수 있으며 이를 통해 자신의 문제가 무엇인지도 파악할 수 있게 하였습니다. 본문 내용을 읽기 전이 부분을 먼저 읽으면 본문 내용을 파악하기가 수월해지고, 본문 내용을 읽은 후이 부분을 읽으면 내용을 더 깊게 이해할 수 있습니다. 더불어, 발성훈련에 집중하는 시간이나 여유가 부족한 경우에는 '사례별 목소리 고민 상담'에서 제시하는 담방처방을 행해도 큰 효과를 볼 수 있습니다.

2. 목소리란?

목소리는 그 사람의 생활습관과 성격이
만들어 낸 결과물이다

2 목소리란?

소리란 무엇인가

소리는 공기의 파동입니다. 연속적으로 진동이 일어나면 연속된 공기 파동이 우리 귀에 들리게 됩니다. 인간의 귀는 1초간 16번에서 2만 번까지 진동하는 파동만 들을 수 있습니다. 1초간 진동수를 주파수라고 하고 Hz(헤르쯔)라는 단위를 사용하는데 주파수가 16Hz 이하이거나 2만Hz(20KHz) 이상의 소리는 들을 수 없습니다. 그러나 곤충이나 다른 동물들은 이 범위보다 훨씬 더 넓은 범위의 진동수도 들을 수 있다고 합니다.

기타 줄을 강하게 튕기면 공기가 강하게 눌림을 받아 공기파가 진해지고 공기파동 사이의 공기는 엷어집니다. 공기파동의 진해짐과 엷어짐의 차이는 진폭을 크게 하는 결과로 나타납니다.

진폭이란 파장의 높낮이를 말합니다. 즉 기타줄을 세게 튕기면 진동폭이 커져서 큰 소리가 나고, 약하게 튕기면 진동폭이 작아져서 작은 소리가 납니다.

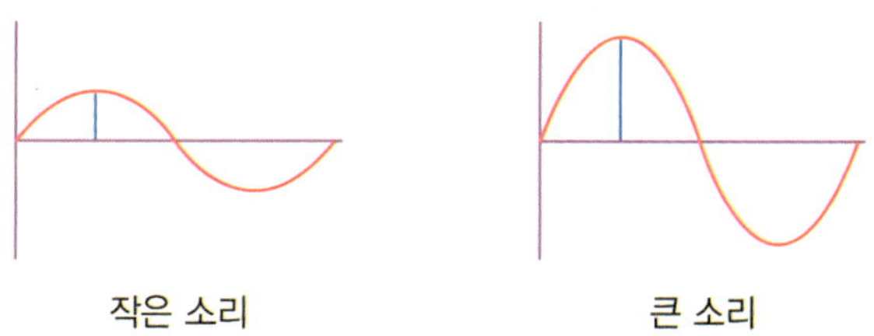

그림 4. 음파 - 작은 소리, 큰 소리

하나의 기타 줄로 소리를 강하고 약하게 낼 수는 있어도 음의 높이는 똑같이 나타납니다. 왜냐하면 현의 진동수는 언제나 일정하기 때문이죠. 하지만 기타 줄의 가운

데를 손가락으로 누르고 튕겨보면 현의 길이가 줄어들어 진동수가 증가하고 높은 소리가 납니다.

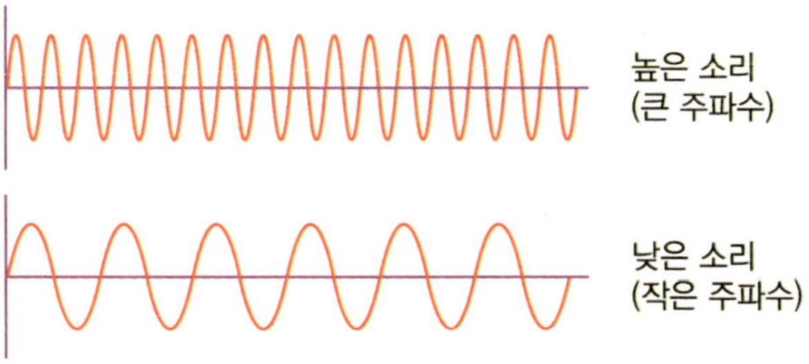

그림 5. 음파 – 높은 소리, 낮은 소리

표 2. 기타줄과 음의 강약고저

튕김	기타 줄 진동	소리 전파	소리 파동	소리
세게				큰 소리
약하게				작은 소리
짧은 줄			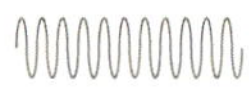	높은 소리
긴 줄			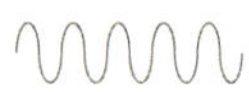	낮은 소리
가는 줄			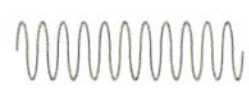	높은 소리
굵은 줄				낮은 소리

목소리란?

음색

음색은 톤컬러라고도 하는데 사람에 따라 고유의 음색이 있습니다. 저음, 중음, 고음의 균형을 나타내는 소리이며, 목소리의 질감과 무게감 등을 결정하는 요인이 됩니다. 마치 같은 높이의 음을 내도 목관악기와 금관악기, 가야금을 튕기는 음과 문지르는 소리에 따라 음색이 다른 것과 마찬가지입니다. 우리가 친구의 목소리만 듣고도 누군지 구별할 수 있는 것도 각자가 지닌 고유한 음색 때문입니다.

목소리 톤

우리가 느끼는 목소리에 대해 이야기할 때 음색이 좋다, 목소리 톤이 좋다는 식으로 표현하곤 합니다. 목소리의 톤이 높으면 분위기를 리드하거나 감정의 표현이 직접적으로 표출되고, 반대로 톤이 낮으면 차분하며 신중한 이미지를 주게 됩니다. 하지만 자칫 지루하다는 이미지도 얻을 수 있죠. 대개 고음의 비중이 크면 소리가 밝고 차가운 느낌, 저음의 비중이 크면 어둡고 따뜻한 느낌을 줍니다.

자연스럽게 톤을 변화시키려면 감정에너지를 담아야 합니다. 한때는 전화로 상담을 하는 사람들에게 '솔~' 톤의 목소리를 권장했으나 오히려 공감력이 떨어지고 인위적이라 인식되어 현재는 자연스럽고 밝은 느낌으로 이야기하도록 교육하고 있다고 합니다. 업 톤과 다운 톤을 적절하게 활용하는 것만으로도 딱딱함을 없애고 생동감 있는 목소리를 낼 수 있습니다.

목소리 이미지

위에서 말하는 목소리 톤을 좀 더 발전된 개념으로 목소리 이미지라는 개념을 소개하고자 합니다.

제 7장 부분에서 설명할 목소리 디자인은 패션디자인의 개념에서 찾아냈듯이, 색조 톤[4]이라고 하는 개념을 통해 목소리 이미지의 개념을 접목해 볼 수 있다고 떠올

---

4) 원래 톤이란 개념은 우리가 색을 볼 때 명도와 채도가 함께 어우러진 정도를 통해 느끼는 색채 이미지를 뜻한다. 즉 색이 강한지 약한지, 진한지 연한지, 밝은지 어두운지 등이 통합되어 우리의 뇌가 느끼게 된다. 이러한 색채 이미지를 톤 혹은 색조라고 하는데, 톤에 연상되는 이미지에 색상 명을 접목하여 보면 색의 표정이 나타난다. 그러기 때문에 패션소재기획이나 화장 분야에서 톤이라는 개념이 많이 쓰이고 있다.

렸습니다.

즉, 우리가 내는 목소리는 높고 낮음과 탁함과 맑은 소리가 함께 어우러져 이미지를 느끼게 되는 거라고 생각합니다. 따라서 목소리의 높고 낮음을 세로축, 목소리의 탁함과 맑은 소리를 가로축으로 설정하여 목소리에 대해 느껴지는 이미지를 형용사로 구분하여 목소리 이미지 다이어그램을 그림 6과 같이 만들었습니다. 우리는 목소리만 듣고도 이렇게 그 사람을 이미지화 할 수 있습니다.

그림 6. 목소리 이미지 다이어그램

목소리는 제 2의 얼굴

박해일, 이선균, 김희선, 박은빈 등 탤런트를 떠올려보세요. 각자가 매력적인 목소리로 말을 걸고 있는 것 같지 않나요? 청각 이미지는 첫인상뿐 아니라 오랫동안 지속되는 기억에 큰 영향을 미치며, 청각 이미지는 외적 이미지와 연결되는 제2의 얼굴이라고도 합니다.[5)]

5) 황보명, 한의진 (2015). "목소리로 연상되는 이미지에 관한 연구", 한국언어치료학회, 24(4), 249-257.

온몸을 순환하는 피가 우리 신체의 많은 정보를 포함하고 있는 것과 같이, 목소리는 사람의 온몸작용에 의해 드러나는 결과물이므로 개인의 신체조건, 자세, 감정, 심리뿐 아니라 생활 습관과 성격 등의 정보를 포함하고 있습니다.

그림 7. 목소리는 온몸작용의 결과

목소리는 심리상태의 척도

목소리에는 사람의 감정 상태가 그대로 실려 있습니다.[6] 그래서 얼굴을 보지 않고 목소리만 듣고도 그 사람의 감정 움직임을 알 수 있습니다. 억제할 수 없는 감정일 때에는 목소리를 마음대로 조정할 수 없습니다.

목소리 다음으로 감정을 나타내는 곳은 얼굴표정입니다. 표정을 억제하려고 하면 딱딱하고 억양이 없는 말투가 됩니다.

이처럼 목소리는 호흡과 근육 등의 신체기관과 어우러져 생성되는 결과물로 목소리를 통해 사람의 심리나 감정 상태 등의 정보를 알 수 있기도 합니다. 우울한 감정, 격한 감정일 때의 목소리와 즐겁고 행복할 때의 목소리는 분명 다릅니다. 스트레스는 발성기관을 공격하고 근육을 긴장시켜 호흡을 부자연스럽게 만들고 목구멍을 좁아지게 하여 혀와 입술을 마비시키기도 합니다.

몸의 지나친 긴장은 정신적으로나 신체적으로 좋을 게 없습니다. 목과 어깨에 힘을 주면 근육이 딱딱하게 굳어지고 피곤해지며 두통의 원인이 되기도 합니다. 발성

6) Jean Abitbol (2016). *The power of the voice*. San Diego, CA: Plural publishing inc.

할 때 긴장하게 되면 전달력이 떨어지고 몸을 피곤하게 하므로 목을 쓰는 사람은 발성기관의 이완이 매우 중요합니다.

몸이 긴장하고 있는지 알 수 있는 척도가 되는 곳은 어깨입니다. 긴장을 하면 어깨가 솟아오르는 자세를 취하게 됩니다. 대화나 강의 때는 물론이고 평상시에도 어깨의 위치가 너무 올라가 있지는 않는지 자주 체크하여 바른 자세를 유지하도록 합니다.

표 3. 심리상태에 따른 좋은 발성과 나쁜 발성

정신적 긴장	턱, 혀뿌리에 힘 들어감	인후부 눌림	생목소리 (목 졸리는 느낌)	음성피로
	발음기관 체조 어깨내림	인후부 열림	편안한 소리	건강한 목소리
웃으면서 발성	연구개 올라감	구강공명	명랑한 소리	

목소리에는 성격이 묻어있다

목소리는 성격과도 많은 연관성이 있습니다.[7] 목소리만 들어도 생각이 많고 소심한 사람인지, 즐겁고 긍정적인 사람인지 알 수 있습니다. 긍정적이고 능동적인 사람은 밝은 목소리를 내고, 생각이 많고 소심한 사람은 소리를 낼 때도 조심스럽게 내므로 목소리가 작고 약한 목소리를 냅니다. 목소리가 굵은 사람은 대개 성격이 느긋합니다. 굵은 목소리를 내려면 강한 호흡이 필요한데 이렇게 강하게 호흡을 내기 위해서는 다소 시간이 필요하므로 성격이 급한 사람은 굵은 목소리를 낼 수

7) 안철민 (2009). 목소리가 바뀌면 인생이 바뀐다. 서울: 세상의 아침.

없습니다.

심지어 나를 좋아하는지 아닌지 호감도도 알 수 있습니다. 그러므로 좋은 목소리를 위해서는 인위적으로라도 밝은 마음을 갖고 건강한 자세를 유지해야 합니다.

표 4. 목소리는 성격을 반영

목소리	성격
밝은	긍정적이고 능동적인
어두운	우울한
굵은	느긋한
작고 약한	생각이 많고 소심한
당당한	적극적인
거친	급하고 화끈하며 자기중심적인
앵앵거리는	소심하며 자존심 강한
거칠고 걸걸한	모든 것에 무관심하며 자존심이 강한
허스키한 저음	남의 일에 관심이 많고 말하는 것을 좋아하는
허스키한 고음	좋은 말 듣기를 좋아하며 예민한

체형과 목소리

목소리는 체형과도 관련이 많습니다. 코와 목, 가슴 및 몸통의 형태에 따라 목소리가 달라집니다.[8] 같은 현을 튕겨도 악기의 몸통 크기에 따라 바이올린, 첼로, 콘트라베이스처럼 소리가 다르게 나는 것과 같습니다.

코

코가 높은 사람은 해부학적으로 경구개가 위로 올라가 있어 구강이 넓고 비강이 넓습니다. 즉, 코가 높은 사람은 풍부한 목소리를 낸다는 의미입니다.

8) 문영일 (1984). 아름다운 목소리 : 알기 쉬운 음성학. 서울: 청우.

목

목이 굵은 사람은 성대 진동을 크게 공명시킬 수 있어 목소리가 부드러우며 풍부한 성량의 소리를 냅니다. 대개 목이 굵은 사람은 몸체도 큽니다. 목이 굵고 아담의 사과라 부르는 울림대가 잘 발달한 사람은 저음이 잘 나옵니다. 합창에서 베이스에 속한 사람은 아담의 사과가 앞으로 돌출된 사람이 많습니다.

가슴

횡격막은 인대와 근육으로 이루어진 막으로 몸통의 가운데에 위치하며 성대 진동을 증폭시키는 스피커 역할을 합니다.[9] 사람마다 횡격막의 크기에 따라 큰북, 작은북의 원리가 작용합니다.

어깨 폭이 넓고 가슴두께가 두꺼운 체형을 가진 우람한 사람은 큰 북과 같아 공명이 잘 되어 풍성한 소리가 나고, 반대로 어깨 폭이 좁고 가슴두께가 얇은 체형을 가진 사람은 작은 북과 같이 울림의 폭이 작아집니다.

공명을 잘하는 체형 조건

목소리는 온몸을 통해 공명됩니다. 따라서 위에 서술한 큰 북과 작은 북의 원리처럼 체형에 따라 목소리가 달라지기도 합니다.

작은 것보다 큰 것, 얇은 것보다 두꺼운 것, 찌그러진 것보다 둥근 것이 공명이 잘 됩니다. 몸체도 마찬가지여서 와인 오크통처럼 크고, 두껍고, 둥근 체형에서 공명이 잘 일어납니다. 사람 체격을 비만형과 근육형으로 구분하면 비만형이 근육질보다 목소리가 잘 나온다고 합니다. 파바로티와 같이 세계적인 실력을 갖춘 성악가나 가수들 중에는 와인 오크통과 같은 형태의 체형이 많습니다.

와인의 오크통처럼 몸체가 굵고 큰 체형에서는 크고 풍부한 목소리가 나오지만 반대로 가슴이 빈약한 체형에서는 빈약한 목소리가 나옵니다.

---

9) 문영일 (1984). 발성과 공명. 서울: 청우.

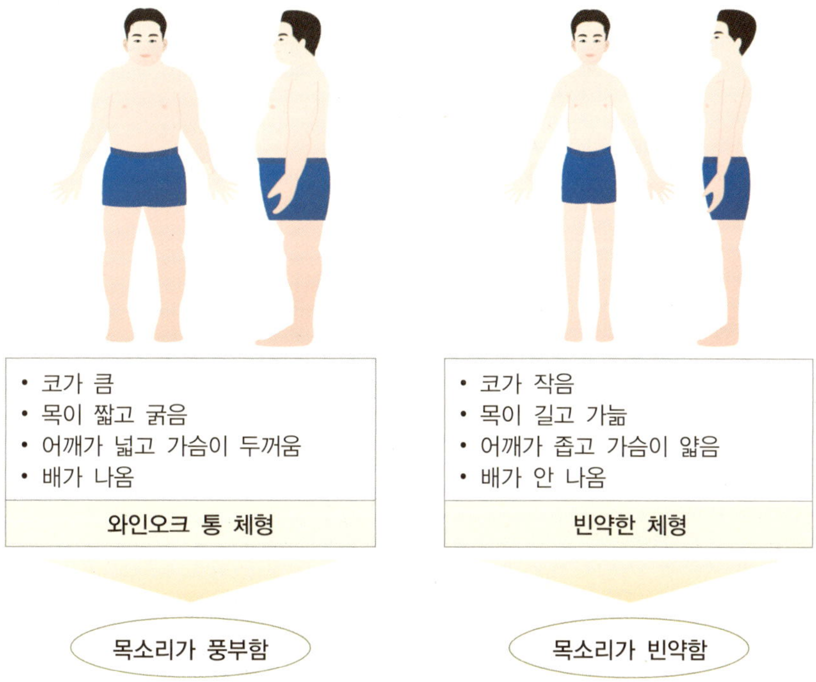

그림 8. 목소리는 체형을 반영

자세는 호흡의 근원이고 호흡은 발성의 근원이다

바른 자세는 올바른 발성과 좋은 목소리를 내기 위한 기본입니다. 목소리를 낸다는 것은 단순히 성대를 울리고 입과 혀를 움직여 내는 소리가 아니라 온몸을 활용하는 온몸작용에 의한 것이기 때문입니다. 어떤 음성학자는 자세의 불균형과 흐트러진 자세가 목소리 질환의 원인이 된다고 말하기도 합니다. 자세는 호흡과 공명, 성대접촉 등 음성기관에 절대적으로 영향을 미칩니다.

두 손을 앞으로 모으는 공손한 자세에서는 힘 있는 소리가 나오기 힘듭니다. 반대로 화가 나서 큰소리를 지르고자 하면 자연스레 우선 양 손을 허리에 얹고 가슴을 펴는 준비동작을 취하게 됩니다.

구부정한 자세, 자신감이 부족해 움츠러든 자세, 등과 어깨가 굽은 자세에서는 호흡이 부족할 수밖에 없고 그렇게 되면 목청만으로 큰소리를 내려고 하게 되므로 성대의 피로감, 더 나아가 성대에 문제가 발생할 가능성이 커집니다. 좋은 목소리의 기본기는 바른 자세에서부터 비롯됩니다.

특히 현대인의 가장 큰 질환으로 꼽히는 거북목은 인후부의 공기 흐름을 방해해서 눌린 소리를 나게 합니다. 하지만 앞가슴을 내미는 자세를 하면 거북목을 유지하기 힘들어집니다. 앞가슴을 내미는 습관으로 거북목을 고치는 효과도 얻을 수 있습니다.

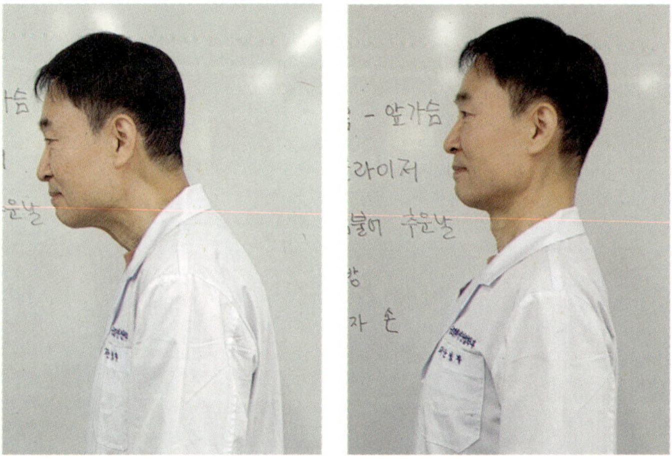

그림 9. 거북목(좌)과 앞가슴 앞으로(우) 자세

표 5. 올바른 자세 개요

올바른 자세	구강 넓어짐 턱 편안해짐 인후부 열림 가슴 넓어짐	횡경막 호흡	건강한 목소리

발성기관을 가장 효율적으로 활용하는 대표적인 자세는 성악가가 노래하는 자세입니다.[10] 이는 인간의 발성기관을 최대로 활용하는 자세입니다. 간단히 말해 온몸의 긴장을 풀고 자연스러운 상태를 유지하는 것입니다. 이는 목소리가 소리를 내는 기관만의 작용이 아니라 온몸작용에 의해 변화를 일으킬 수 있다는 증거라 할 수 있습니다.

---

10) 김희권 (2012). 발성에도 법칙이 있다. 서울: 음악도서출판 셀라.

그림 10. 성악발성 자세

성악발성의 자세

- 시선은 정면을 봄
- 턱을 바보같이 떨어뜨리고 입술 힘을 뺌
- 턱을 당기고 고개를 들지 않음
- 두 팔은 힘을 빼고 몸에서 뗌
- 가슴을 펴고 목과 어깨에 힘을 뺌
- 가슴 위로 힘 뺌
- 허리는 곧게 펌
- 두 발을 어깨너비보다 좁게 벌리고 한쪽 발을 앞으로 내딛음
- 체중의 중심을 앞으로 둠

좋은 목소리를 가지려면

목소리를 바꾸면 인생이 바뀔까?라는 의문을 가질 수 있습니다. 목소리는 외모처럼 타고나기도 하지만, 누구나 꾸준히 연습하면 좋은 목소리를 가질 수 있다고 생각합니다.[11)]

윈스턴 처칠은 유년기 심한 말더듬이였는데 피나는 노력으로 위대한 웅변가가 되어 수상의 자리에까지 오르게 되었습니다.

버나드 쇼의 문학작품 '피그말리온'은 한 음성학 교수가 꽃을 파는 가난한 런던 토박이 소녀의 거친 말투를 상류층 사람이라고 착각할 정도의 완벽한 억양으로 변모시켜 공작부인으로 만드는 이야기로 인간의 목소리가 어떻게 한 사람의 정체성을 결정하고 그 결과 새로운 운명을 만들어 나가는지를 보여주는 예입니다.

---

11) 존 콜라핀토, 고현석 옮김 (2021). 보이스 : 목소리는 어떻게 인간의 삶을 결정하는가. 서울: 매일경제신문사.

좋은 목소리를 갖기 위해서는 일단 어떤 것이 좋은 목소리인지, 좋은 목소리란 무엇인지에 대한 정의가 있어야 합니다. 사람마다 좋아하는 음악이나 좋아하는 연예인이 다르듯이 좋은 목소리라고 여기는 것도 개인의 취향이나 선호하는 점들이 반영됩니다. 각자의 주관적이고 다양한 생각들이 판단의 척도가 되기 때문에 좋은 목소리에 대한 명확한 정의를 내리기가 어려운 것이 사실입니다. 다만 여러 연구자가 정의 내린 좋은 목소리의 기준은 맑은 소리, 울림이 있는 소리, 건강한 소리, 밝은 소리, 윤기있는 소리, 자연스러운 소리, 깨끗한 소리, 풍부한 성량과 음색이 있는 소리 등입니다.[12] 음성학적으로 좋은 목소리란 발성 시 성대가 충분히 닫혀 적절한 성대 진동이 이루어지고 잡음이 없는 맑은 목소리의 상태를 뜻하기도 합니다.

저 개인적으로 좋은 목소리는 밝은 마음으로 자신감을 가지고 자연스럽게 내는 소리라고 생각합니다. 즐겁고 긍정적인 사고로 말을 하게 되면 목소리도 자연스럽고 매력적으로 들리게 되고 표정도 호감있게 변화됩니다. 따라서 의식적으로 밝은 마음으로 즐거운 표정을 지으며 목소리를 내면 더욱 건강하고 밝은 목소리가 자연스럽게 만들어지게 될 것입니다.

그림 11. 좋은 목소리와 강의에 적합한 목소리

12) 권순복 (2009). 선행연구 분석을 통한 매력적인 목소리의 특성 연구. 한국언어치료학회, 18(4), 105-122.

3. 목소리 질환

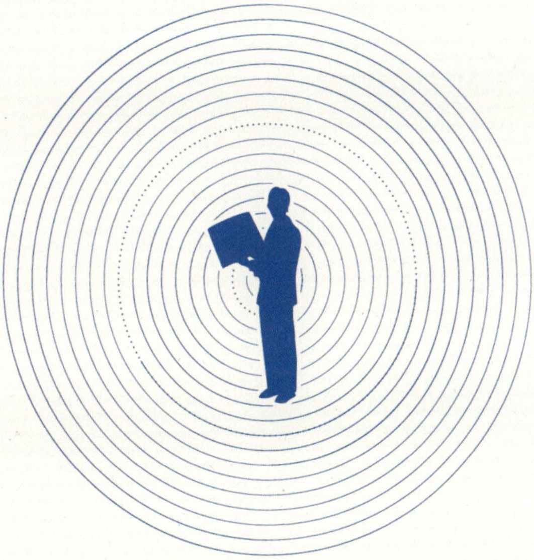

음성피로를 잘 다스리지 못하면
음성장애로 발전한다

3 목소리 질환

교수자의 목은 피곤하다

교단에서 하루 몇 시간씩 강의하는 교사의 목은 항상 피곤합니다. 성대질환은 교사의 직업병이기도 합니다. 교수자의 10명 중 7명이 목소리 질환을 앓고 있거나 앓은 경험이 있다고 보고되고 있는데 이는 일반인의 5배의 수치입니다.[13)]

영국 교강사연합회(ATL : Association of Teachers and Lecturers)에서 보고한 연구 결과에 따르면 초등학교 교사의 68%가 목소리 질병을 경험하고 있다고 합니다. 이 중 1/3이 병원을 방문했고 1/4은 병가를 낸 경험이 있다고 합니다. 네덜란드, 폴란드, 미국의 유타주와 아이오와주에서의 연구 결과에서는 '교직이 목소리 문제를 일으킬 고위험 전문직종 가운데 하나'라고 결론을 내리고 있습니다.[14)]

특히, 표 6에서 보는 바와 같이 여교사의 목소리 질환 발병이 남교사에 비해 2배 정도 높게 나타나고 있습니다.[15)]

표 6. 남, 여 교사의 목소리 관리 및 질환 비교

목소리 질환 및 관리	남자	여자
목소리 질환으로 병원 방문	33.3%	57.7%
목소리 남용	65.4%	75.2%
마이크 사용	27.9%	49.6%
목소리 관리법 소유	37.2%	12.9%

---

13) 홍정환 (2015). 교사 70% 직업병 시달려… '성대질환' 최다. KBS 방송, 2015년 5월 15일.

14) Roy, N., Merrill, R. M., Thibeault, S., Parsa, R. A., Gray, S. D., Smith, E. M. (2004). Prevalence of Voice Disorders in Teachers and the General Population, *Journal of speech, language, and hearing research*, 47(2), 281-293.

15) Shin, N. & Lee, J. (2009). *Teachers' Perceptions of Occupational Use of Voice: A Survey Study*, Occupational Voice Symposium 2009: Protecting the voice in the workplace, March 25-26, London, U.K.

교사 목소리 질환의 원인으로 목소리 오용과 남용을 들 수 있는데, 목소리 오용이란 잘못된 방법으로 발성하는 것을 말하고, 목소리 남용이란 강의활동으로 어쩔 수 없이 목소리를 과도하게 사용하는 습관을 말합니다.

목소리 질환은 치료보다 예방에 더 관심을 가져야 하고, 교수자에게 목소리에 대한 적절한 훈련이나 교육이 필요하다고 생각합니다.

표 7. 목소리 오남용 증세

	1단계	2단계	3단계
목 불편	가끔 헛기침 후두부가 긁히는 느낌	자주 헛기침 간헐적으로 목이 쓰림	헛기침을 아무리 해도 목이 맑아지지 않음 목이 자주 쓰리고 심한 통증 말하면 금방 피곤해짐
목소리	약간 쉰 소리	목소리가 갈라짐 음역이 축소	목소리가 안 나오는 경우 많음 음역이 눈에 띄게 줄어 듦
후두염	가벼운 후두염	중간정도 후두염	심한 후두염

특히 넓은 공간에서 좋지 않은 상태의 목소리로 수업하면 발성이 어려워져 큰 호흡을 사용하게 됩니다. 그러나 이로 인해 목, 혀, 구강의 근육에 과도한 긴장이 발생하면 발음이 불명확해지는 문제가 생깁니다. 더욱이 성대도 긴장되고 마르게 되어 목소리 생성에 방해가 됩니다. 피로에 시달리는 교수자의 강의는 이해하기 어려워지며 몸과 목의 피로감도 더욱 심해집니다.

발성기관의 이상 신호는 강의 중 잦은 헛기침, 갈라지는 목소리, 목의 통증 등으로 나타납니다. 이러한 신호가 계속되면 정상적인 강의 진행이 어려워집니다. 강의를 마친 후에는 목에 뭔가 걸려있는 것처럼 불쾌감이 있고, 강의 전과 후의 목소리 차이도 크게 나타납니다. 이와 같은 증세가 나타나면 발성기관에 어떤 이상이 생겼다는 신호입니다.

그림 12. 강의 중 음성 사고로 괴로워하는 모습

표 8. 교수자의 성대질환 자가진단표

항 목	불편함 없다	약간 느낀다	많이 느낀다
강의 중 헛기침이 난다			
강의 중 목소리가 갈라지고 변한다			
강의 중 목에 통증을 느낀다			
강의 전과 후 목소리 차이가 난다			
강의를 하고나면 목이 불편하다			

목에 이물감을 느끼거나 이상이 있을 때 헛기침을 하면 순간적으로 목이 맑아지는 느낌이 들지만 계속해서 잘못된 목소리를 내면 점액이 과다하게 분비되어 또 헛기침이 나게 되는 악순환을 겪게 됩니다. 헛기침 악순환이 결국은 진짜 기침으로 발전하여 목이 지치게 되고 목을 쉬게 만듭니다.

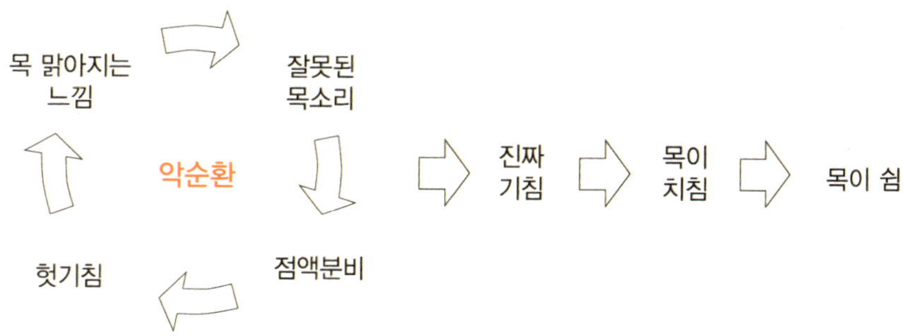

그림 13. 헛기침 악순환

기침이 나오는 이유는 다음과 같습니다.[16] 기관의 안쪽은 점액층이 있어 공기와 함께 들어온 먼지나 세균을 점액이 흡착시켜 기관 내측에 있는 섬모의 운동에 따라 위로 보내져서 가래와 함께 기침으로 뱉어 내게 됩니다. 기침을 만성적으로 한다는 것은 그만큼 기관지 내부가 항상 건조하다는 것을 의미합니다. 기관지는 내부에 있는 이물질을 점액으로 씻어내는 구조로 되어 있는데 점액이 부족해지면 끈적해진 점액과 가래가 엉겨 붙으면서 목에 달라붙는 느낌을 주게 되고 가래가 잘 나오지도 않으면서 간질간질하거나 달라붙는 느낌을 만들게 되고 이것이 기침의 원인이 되는 것입니다.

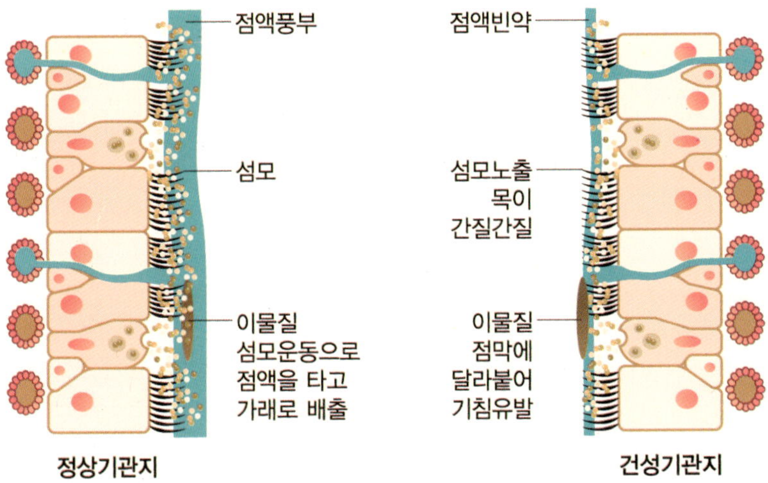

그림 14. 기관지 안에 있는 점액과 섬모

음성피로가 진행되면 인후부 건조감, 기침, 전신권태, 어깨 통증, 공복감 등과 같은 신체적 증상이 유발됩니다. 발성기관에서 나타나는 현상으로는 발성기관의 혈액순환이 나빠져 조직이 충혈되게 하고 점액의 분비를 증가시켜 성대와 후두점막 층이 부어오르는 것입니다.

음성피로는 음성장애가 일어나기 전에 나타나는 이상신호입니다. 음성피로를 잘 다스리지 못하면 음성장애로 발전합니다.

16) https://m.blog.naver.com/PostView.naver?isHttpsRedirect=true&blogId=hoseread1&logNo=20197589566, "기침: 마른 기침 치료하기", 경희숨편한한의원, 2013.10.16.

음성피로 → 음성장애

교수자에게 흔한 목소리 질환 및 사고

목소리가 갈라지거나 말이 끊기고 자주 헛기침을 해서 가래를 없애는 일이 생기면 발성기관에 어떤 이상이 생겼다는 신호입니다. 음성사고의 대표적인 증상으로는 △급성 후두염, △만성 후두염, △성대결절, △성대폴립, △음성 쇠약증 등이 있습니다.[17)]

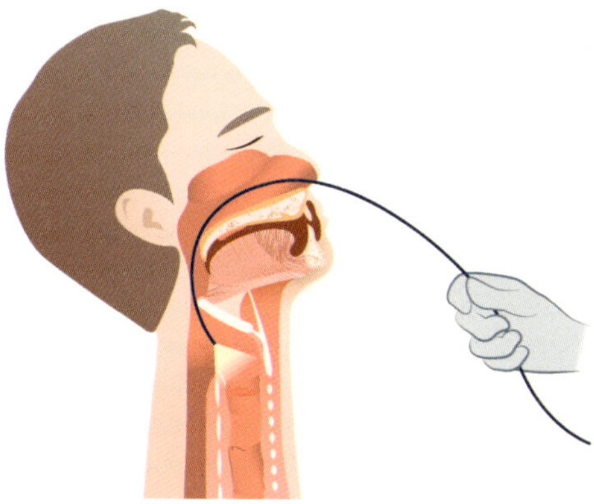

그림 15. 후두내시경으로 성대를 보는 모습

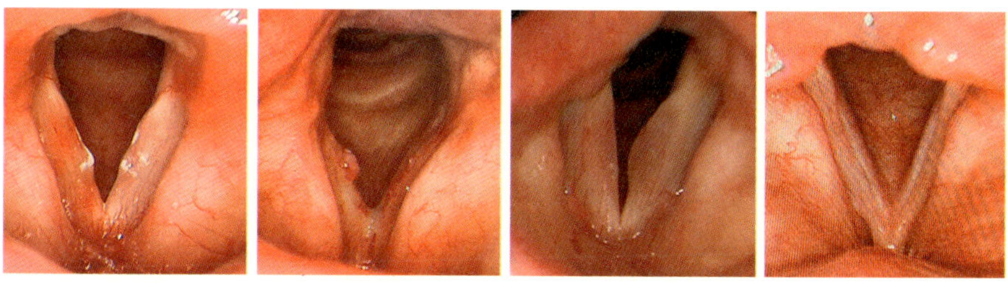

성대결절 성대폴립 성대부종 성대구증

그림 16. 후두내시경으로 본 성대질환

17) 남도현, 최홍식 (2007). 호흡과 발성. 연세대학교 의과대학 음성언어의학연구소, 파주: 군자출판사.

표 9. 목소리 질환

	급성 후두염	만성 후두염	성대결절	성대폴립
목소리 증상	허스키 목소리 목소리 내기 힘듦	약한 소리가 잘 안 나옴 굵은 음색	허스키 목소리 소리 뒤집힘	고음 소리 단절 허스키 목소리 소리 뒤집힘
목 증상	개 짖는 것 같은 기침 전신 나른	대화 후 피로감 가래 고이며 건조한 느낌	대화 후 피로감	자극적 기침
성대	적색으로 부어 오름 성대점막 출혈	두꺼워지고 요철 생김 적색이나 암적색	적색 좁쌀 모양의 혹 양측 대칭에 발생이 대부분	결절보다 부드럽고 큰 물혹
원인	과로 감기 질환의 확대 목소리 혹사	잘못된 발성으로 목소리 남용	목소리 남용에 따른 과도한 기계적 마찰	장기간 목소리 남용
특성	급성(1주~10일 진행)	아급성(10일~3주 진행) 만성(3주 이상 진행)	고음을 내는 여성에게 많이 생김 가수결절이라고도 함	큰 소리를 내는 남성에 많이 생김
치료	3~4일 쉬면 빠르게 회복	매우 어려움	침묵요법	수술

급성후두염

급성 후두염은 성대 양측이 전체적으로 붉게 부어오르고 점막이 파열되어 출혈이 일어나는 현상입니다. 주로 성대의 부딪히는 부분에서 출혈이 많이 일어납니다. 목소리가 갑자기 굵어지고 잡음이 섞이거나 소리를 내기 힘들어지며, 이물감이나 기침 등의 증상이 나타납니다. 대개 과로가 원인이 되며 감기질환이 후두로 확대되거나 과도하게 목을 혹사했을 때 발생합니다. 3~4일 정도 충분히 휴식을 취하면 금세 회복됩니다.

만성 후두염

장기간 잘못된 발성으로 과도하게 목소리를 사용하면 만성 후두염으로 진행됩니다. 급성은 1주~10일, 아급성은 10일~3주, 만성은 3주 이상 지속될 때를 말합니다. 약한 소리가 잘 나오지 않게 되며 소리에 윤기가 없어지고 굵고 탁한 느낌의 음성으로 변질됩니다. 말을 하면 피로감을 금방 느끼고 후두에 가래가 계속 고이고 건조한 느낌도 듭니다. 성대를 습윤시키는 분비샘 작용이 감퇴하여 건조함을 느끼게 됩니다. 급성 후두염에 비해 치료가 까다롭고 성대가 두꺼워지고 굳어져 요철이 생기고 전체가 적색 혹은 암적색을 띠게 됩니다.

성대결절

성대결절은 목소리 남용에 따른 기계적인 마찰에 의한 자극이 원인이 되어 성대 양쪽 맞닿는 부분에 대칭적으로 적색의 좁쌀 모양의 혹이 생기며 원하는 음정을 내지 못하는 경우입니다. 가수들에게서 많이 생기는 증상이라서 가수결절이라고도 부릅니다. 말소리에 잡음이 섞여 허스키한 소리가 나고 요들처럼 소리가 뒤집히는 경우도 있습니다. 목소리를 아예 내지 않는 침묵 요법으로 치료합니다.

성대폴립

성대폴립은 혈관이 터진 후 잘못 형성된 혹으로 인해 성대 접촉이 방해받아 다양한 증상이 나타날 수 있습니다. 이에는 낮고 탁한 소리와 잡음, 허스키한 목소리, 고음에서 단절된 소리, 갑작스럽게 소리가 뒤집히는 증상 등이 포함됩니다. 이러한 증상은 주로 남성들에서 자주 발생하며, 목소리 남용으로 인한 장기간의 사용 결과로 나타날 수 있습니다. 이 경우 수술이 필요합니다.

성대부종

성대부종은 성대가 부어서 진동을 둔탁하게 만들어 바람이 새는 소리가 납니다.

성대구증

성대구증은 성대의 탄력이 떨어지거나 성대에 홈이 생겨 말할 때 바람 새는 소리나 허스키한 소리가 납니다.

음성쇠약증

후두 소견상 정상이지만 목소리를 내기 힘들다고 호소하는 경우에는 음성쇠약증을 의심해볼 수 있습니다. 교사, 목사, 배우, 아나운서 등 목소리를 전문적으로 사용하는 직업인에게서 많이 발생하며 역시 목소리 남용이 원인이 되어 일어납니다.

유착성 성대

성대가 서로 유착되어 목소리가 나지 않는 증상입니다.

교사 · 강사 목 질환 검사

일선 학교와 학원의 교사나 강사 중 70%는 목소리 질환을 앓고 있거나 앓은 경험이 있다고 합니다.[18] 교사나 강사의 90% 이상이 2가지 이상의 질환을 함께 앓고 있는 것으로 나타나고 있습니다. 이는 일반 목소리 질환자의 5배나 되는 수치입니다.

표 10. 교 · 강사 목 질환 검사 결과

목소리 질환	비중
성대결절	44%
성대폴립	24%
성대구증	10%

남성은 여성보다 성대길이가 길고 성대가 잘 붙으면서 호흡기능이 강하므로 여성보다 성대 질환이 적게 나타납니다. 남성은 성격상 강하고 큰소리를 내는 경우가 많아서 주로 성대폴립이 생기는 경향이 있으며, 여성은 지속해서 긴장된 목소리를 많이 내므로 성대결절이 주로 생기는 경향이 있습니다.

표 11. 남녀 교수자의 목질환 비교

남성 교수자		여성 교수자	
성대폴립	32%	성대결절	55%
성대구증	28%	성대폴립	20%
유착성 성대	16%		

18) 안철민 (2009). 목소리가 바뀌면 인생이 바뀐다. 서울: 세상의 아침.

4. 자신의 본래 목소리 찾기

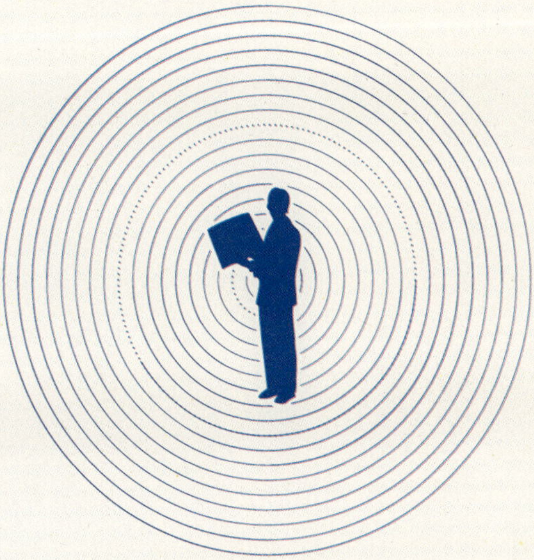

건강한 목소리를 위해 자신에게 맞는
최적의 음도를 찾는 것이 중요하다

4 자신의 본래 목소리 찾기

목소리는 자신을 나타내는 척도입니다. 자신의 몸 상태에 걸맞는 목소리를 내야 건강하고 좋은 목소리를 낼 수 있습니다. 누구나 자기의 성대와 신체의 조건, 성격에 맞는 자신의 본래 목소리가 있습니다. 이 본래 목소리를 찾아서 소리를 내주어야 합니다.

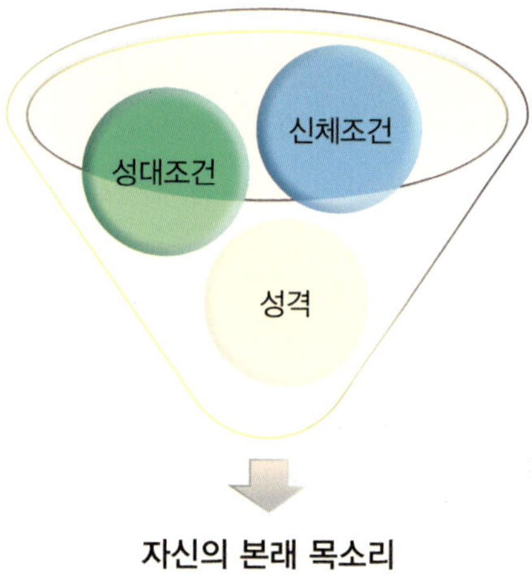

그림 17. 자신의 본래 목소리

타고난 자기 목소리를 사용하면 어떤 점이 좋은가?

- 말하기 편하고 듣기 좋음
- 오랜 시간 강의해도 목소리가 걸걸해지지 않고 피곤하지 않음
- 관심을 끌고 설득하고 가르치는데 효과적임
- 노래 부를 때 감정 전달이 잘됨

30년간 스피치 클리닉을 운영한 음성치료의 대가인 모든 쿠퍼 박사는 대부분의 사람들이 내고 있는 목소리는 타고난 자신의 본래 목소리가 아니라 살면서 강하게

인상 받은 사람의 목소리를 흉내 낸 목소리가 많다고 했습니다.[19] 선천적인 자신의 음역대를 벗어난 소리를 지속해서 내면 성대사고가 발생합니다. 가수나 성악가들이 자신의 음역대를 벗어난 목소리를 내서 성대가 상한 경우를 심심찮게 볼 수 있습니다. 목소리를 개선하기 위한 첫걸음은 자기 목소리의 적정한 음높이를 찾는 것입니다. 쿠퍼 박사는 사람은 누구나 자신의 본래 목소리를 가지고 있다고 했습니다. 자신의 본래 목소리를 찾는 것이 목소리 디자인의 시작입니다. 본래 목소리를 찾는 방법으로는 모튼 쿠퍼박사가 개발한 몇 가지 방법이 있습니다.

목소리를 확대하는 부분은 성대 위에 있는 인후 부분과 입, 코 등입니다. 이 부분이 울려서 목소리가 확대되므로 이 부분을 울림통이라 하겠습니다. 이 부분을 외관으로 보면 코와 입 부분이 되는데 이 부분을 마스크라고 합니다. 울림통이 울리게 되면 마스크 부분이 떨리게 되는데 이 부분이 자연스럽게 가장 잘 울리는 음조를 찾는 것이 자신의 본래 목소리를 찾는 방법입니다.

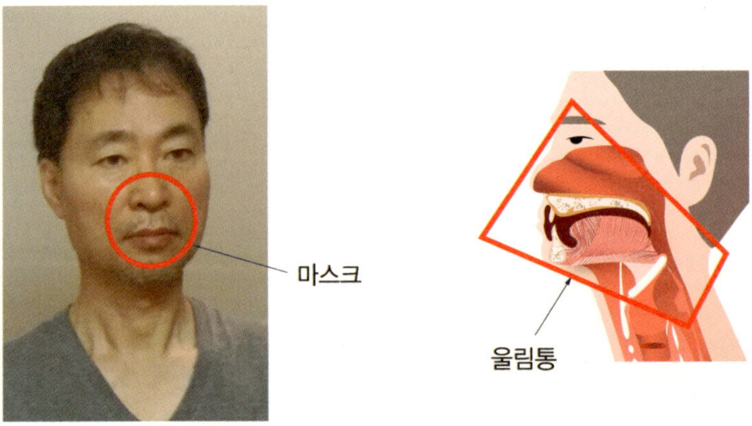

그림 18. 마스크와 울림통

19) Morton Cooper (1984). *Change your voice change your life : a quick, simple plan for finding & using your natural, dynamic voice*. NewYork: Macmillan publishing co.

나의 본래 목소리 찾기

마스크 부분이 가장 잘 울리도록 찾는 방법은 △'음 흠~' 허밍, △C-spot 활용 등의 방법이 있습니다.[20] 이 방법을 이용하여 자신의 음높이를 찾고 공명점을 찾는 것입니다.

'음 흠~' 소리를 내는 허밍 연습

입술을 다물고 말 끝을 살짝 올리는 억양으로 '음 흠~' 소리를 내봅니다. 이때, 마스크 부분이 가볍게 떨리는 느낌이 들며 공명을 느끼게 됩니다. 이 공명을 기반으로 정확한 음조에 초점을 맞추기 위해 집중합니다. 이 목소리는 일시적으로 사용되는 것이기 때문에 익숙해지기까지 시간이 필요합니다.

C-spot 활용

C-spot이란 목소리 연구의 대가인 쿠퍼 박사의 이름에서 딴 훈련법입니다. 자기 음높이를 찾기 위한 훈련으로 가슴뼈 아래 명치 윗부분인 C-spot에 손가락을 대고 가볍게 흔들면서 '음~' 하는 허밍을 냅니다. 그러면서 목 밑에 잠긴 음을 머리 위로 끌어올리도록 하는데 이때 코 주변의 모든 소리를 섞어가며 울림통이 울리도록 합니다. 우리가 좋지 않은 목소리를 낸다고 하는 경우 대부분이 아래 목을 사용하는 데에서 비롯됩니다. 낮은음으로 말하는 것이 꼭 좋지만은 않은 것입니다. 너무 낮은 음으로 이야기하면 목에 무리를 주어 말하기 어렵게 됩니다. 복식호흡을 통해 성대 아랫부분의 긴장을 풀어주고, 목소리를 성대 아래에서 얼굴까지 올라오도록 연습합니다. 이와 같은 C-spot 훈련을 통해 올바른 음조를 찾고 바른 호흡을 하게 되면 애써 힘주며 내는 목소리, 새는 목소리가 사라지게 됩니다.

---

20) Dr. Morton Cooper & Dr. John M. Curtis (2006). *Curing hopeless voices : the strangled voice (spasmodic dysphonia) & other voice problems with direct voice rehabilitation*. Aurora, CO: Voice & speech company of America.

나의 본래 목소리를 찾는 또 다른 방법은 씹으면서 소리내기 방법입니다. 씹으면 입 주위의 긴장이 풀려 편안한 소리를 내기 좋은 상태가 됩니다. 이를 활용해 자신의 적절한 음높이의 목소리를 찾아봅니다.

내 목소리를 찾는 것은 잘 맞춘 정장을 입는 일과 같다

지금은 기성복을 주로 소비하고 있지만 1980년대까지도 멋 좀 부리고 돈 있는 부인들은 맞춤복을 더 선호했습니다. 똑같은 키와 몸무게를 가졌어도 각각의 체형이 완벽하게 똑같다고 할 수 없으므로 내게 가장 잘 맞고 어울리는 옷을 입음으로써 세련된 이미지를 만드는 것이었죠.

최근 멋쟁이들 사이에서는 맞춤복을 찾는 분위기가 다시 만들어지고 있다고도 합니다. 기성복으로는 표현할 수 없었던 개성을 돋보이게 할 수 있고 몸에 꼭 맞는 편안한 착용감, 내 취향에 딱 맞는 핏과 디자인을 선호하기 때문입니다.

내 목소리를 찾는 일도 이와 같다고 생각합니다. 수많은 사람 중에 나와 같은 사람이 단 한 명도 없는 것과 같이 세상에는 수많은 목소리가 존재합니다. 내게 가장 잘 맞는 목소리, 나와 가장 잘 어울리는 목소리, 나를 가장 잘 표현할 수 있는 목소리를 찾는 것은 마치 내게 꼭 맞춰 만들어낸 세상에서 단 한 벌 뿐인 맞춤 정장을 입는 일과도 같습니다.

우리가 누군가를 떠올리거나 기억할 때 목소리는 종종 중요한 힌트가 됩니다. 한 번 들으면 잊히지 않을 정도로 특이한 목소리를 가진 사람, 자신의 분위기와 어울리는 목소리를 가진 사람, 외모와 달리 어울리지 않는 목소리 때문에 호감이 사라졌던 사람 등등.

많은 경우 우리는 듣기 좋은 목소리를 가진 사람에게 특별한 호감을 느끼고 끌리게 됩니다. 목소리가 그 사람의 분위기나 행동 등과 어우러져 그 사람만의 특징을 잘 드러낸다거나 그 사람과 잘 어울린다고 느껴질 때 우리는 좋은 목소리를 가졌다는 인정과 평가를 하곤 합니다.

가늘고 쉰소리, 날카롭거나 너무 고음인 소리, 지나치게 꽥꽥거리는 소리, 숨찬 소리와 어울리는 사람은 없을 것입니다. 그런 소리를 좋은 소리라고 평가할 수도 없습니다. 앞서 설명했듯 모튼 쿠퍼 박사는 누구에게나 자신에게 맞는 목소리가 있다고 했습니다. 따라서 우리는 목소리 훈련을 통해 정확한 발음과 발성을 토대로 나만의 음색과 스타일을 찾는 목소리 디자인을 해 나갈 필요가 있습니다. 내게 어울리는 좋은 소리를 찾는다는 것은 내 신체의 단점을 커버하고 장점을 부각시켜 나를 돋보이게 하는 맞춤복을 입는 일처럼 멋진 일일 테니까 말입니다.

5. 목소리가 만들어지는 과정

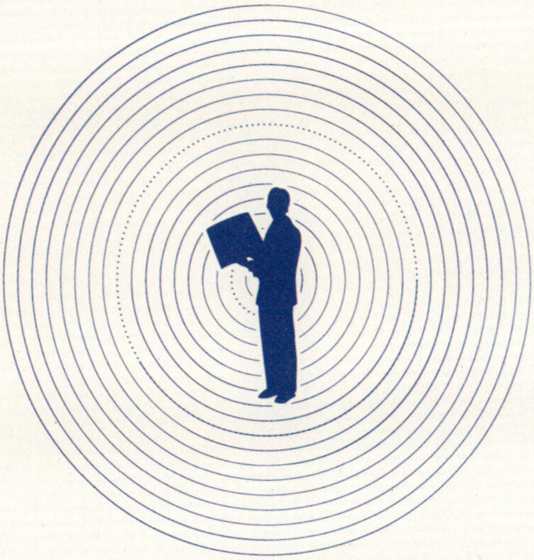

목소리는 호흡기관, 성대, 조음기관 및 공명기관을 통한
일련의 과정을 거치면서 만들어진다

5 목소리가 만들어지는 과정

목소리는 △호흡기관, △성대, △조음기관, △공명기관을 통한 일련의 과정을 거치면서 만들어집니다. 허파에서 바람을 만들고, 성대를 떨어 소리를 만들고, 입술과 혀는 정보음을 만들고, 인체의 여러 공명강을 통해 음을 증폭시키는 원리를 통해 목소리가 나오게 됩니다.[21]

목소리를 내는 과정을 좀 더 쉽고 자세하게 설명해보겠습니다. 호흡기관은 풀무처럼 바람을 만들어내고, 발성기관은 풀피리처럼 바람으로 기본적인 소리를 만들어 냅니다. 풀피리를 불면 풀잎이 마찰을 받아 쉽게 찢어지는데 기름을 쳐주면 오래 사용할 수 있겠죠. 성대 주변에서 분비되는 점액은 기름과 같은 역할을 합니다. 입과 혀를 움직여 성대에서 만들어진 기본적인 소리를 바탕으로 '아버지가 방에 들어가신다'처럼 정보음을 만듭니다. 만들어진 정보음은 인체의 여러 공명강을 통해 증폭됩니다.

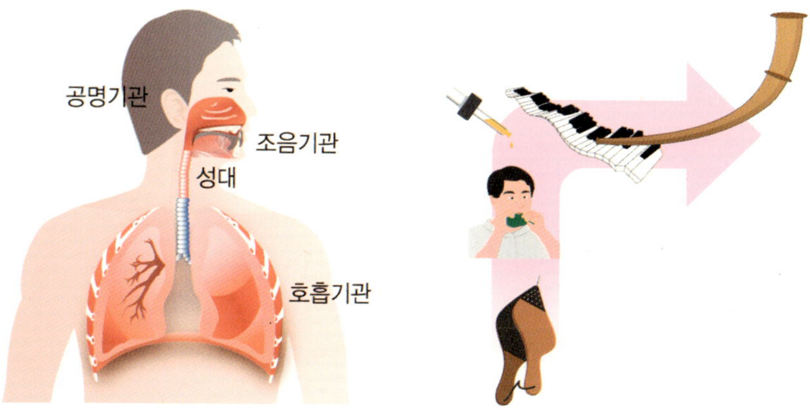

그림 19. 목소리를 내는데 관계되는 기관과 목소리를 내는 과정

21) 고도흥 (2013). 언어기관의 해부와 생리 : 발성에서 지각까지. 서울: 학지사.

호흡기관

사람 몸 안에 있는 장기는 자율신경계에 의해 지배되어 우리의 의지대로 움직이지 않습니다. 그러나 자율신경계의 지배를 받으면서도 유일하게 의지에 의해 작용하는 것이 허파의 작용, 즉 호흡입니다.

호흡은 건강과 밀접한 관계가 있습니다. 태아나 어린이의 호흡, 또는 편안하거나 건강할 때의 호흡은 어깨와 가슴이 별로 움직이지 않는 복식호흡을 합니다. 그러나 특정 질환이 있거나 불안할 때의 호흡은 어깨와 가슴이 심하게 움직이는 형태로 나타납니다. 죽음을 앞두고서는 턱으로 숨을 쉬기도 합니다. 호흡은 목소리의 강약을 조절하는 데 중요한 역할을 합니다. 목소리를 크게 내기 위해서는 큰 호흡이 필요합니다. 그러나 병을 앓는 사람은 체력이 약해져 내쉬는 숨이 적어져서 결과적으로 목소리가 작고 약해집니다. 또한 나이가 들면서 내쉬는 숨이 줄어들면 음성이 약해지게 됩니다.

호흡의 여러 가지 특성

분당 호흡 수

- 평상 시 분당 16회 정도 호흡
- 말할 때 분당 12회 정도 호흡

내쉬는 숨과 들이마시는 숨의 시간 배율

- 편안할 때는 거의 같음
- 말할 때는 내쉬는 숨이 6배 정도 김
- 낭독할 때는 내쉬는 숨이 10배 정도 김
- 노래 부를 때는 내쉬는 숨이 50배 정도 더 김

숨을 내쉰 후 들이마시기 시작할 때까지 휴지 상태

- 편안할 때는 0.9초
- 책을 읽을 때는 0.15초

- 노래 부를 때는 0.02-0.1초

힘껏 숨을 들이마시면 평상시의 3배량의 숨을 흡입할 수 있음

성대

인후부의 해부학적인 그림을 보면, △인두는 입을 벌릴 때 보이는 목구멍 부분이고, △후두는 입을 벌려도 보이지 않는 부분이며, △성대는 후두 안에 있습니다.[22]

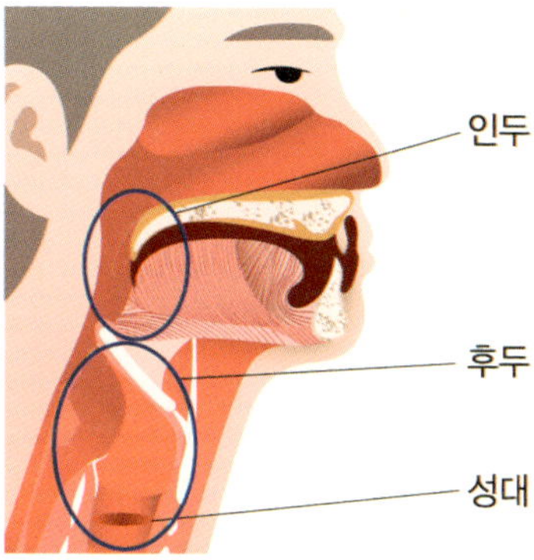

그림 20. 인후부 구조

목젖

목젖은 구개수라고도 하는데 이는 음색 조절을 담당하며 목소리 전달 방향을 변화시킵니다.

목젖과 연구개의 움직임으로 코 호흡과 입 호흡으로 숨의 통로를 변화시킵니다.

인두

인두는 공기와 음식물의 공통통로로 인두 뒤쪽은 식도, 앞쪽은 후두가 있습니다.

22) 블랜딘 칼라이스 저메인, 프랑수와 저메인, 김민호 옮김 (2015). 발성을 이해하기 위한 목소리 해부학. 서울: 영문출판사.

후두개[23]

후두의 뚜껑 역할을 하는 후두개는 혀뿌리 움직임에 큰 영향을 받습니다. 후두개가 열려 있을수록 저음보다 고음이 나고, 어두운 음색보다 밝은 음색이 납니다. 흔히 '목청을 열라'라고 말할 때, 그것은 후두개를 열라는 의미이며 음색과도 관련이 있습니다.

후두

후두는 음의 높낮이를 조절합니다. 목소리를 내면 이 부위의 진동감이 느껴집니다. 목 앞쪽 중앙 부분에 약간 견고하게 돌출된 부분이 있는데 남성의 경우 울대뼈(아담의 사과)라고 부르는 부분입니다. 후두 위로는 인두, 아래로는 기관이 있습니다.

울대뼈

남성은 사춘기 때 성대 길이가 길어지므로 후두의 갑상선 연골이 튀어나와 우리가 울대뼈(아담의 사과)라 부르는 형태가 됩니다.

울대뼈 부분을 손바닥으로 목을 가만히 감싸 쥐고 '아~' 발성으로 저음부터 고음까지 서서히 음을 높여 주며 울림을 느껴봅니다. 남성의 경우 목젖의 움직임만 보아도 저음과 고음을 낼 때의 목 울림 위치가 다르다는 것을 알 수 있지만, 여성의 경우 손바닥으로 목을 살며시 감싸고 위와 같은 방법으로 스케일링을 해주면 울대뼈 아랫부분부터 미세한 떨림이 고음으로 갈수록 위쪽으로 이동하는 것을 느낄 수 있습니다.

후두실[24]

후두실은 성대에 수분과 점액을 공급해주는 역할을 합니다. 턱을 내밀거나 목을 구부리거나 젖히면 후두실이 압박받아 공명이 나빠집니다.

---

23) 그림 69 참고
24) 그림 39 참고

성대

성대는 얇은 띠와 같이 생긴 것이 아니라 전체적으로 두께가 있는 백색의 돌기물입니다. 좀 더 자세히 알아보면 성대는 그림 21과 같이 점막, 인대, 근육으로 이루어진 여러 층으로 이루어져 있어 빠르게 진동을 할 수 있습니다.[25)]

성대는 그림 22와 같이 목소리를 낼 때 두께와 폭을 변화시키면서 상하좌우로 운동합니다.

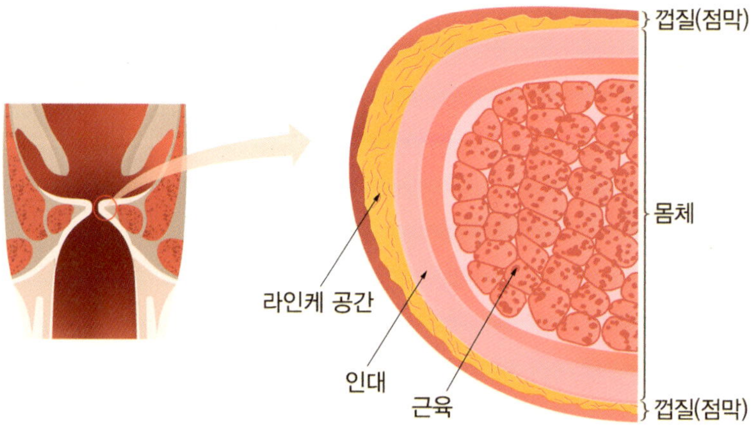

그림 21. 성대의 몸체-껍질 구조

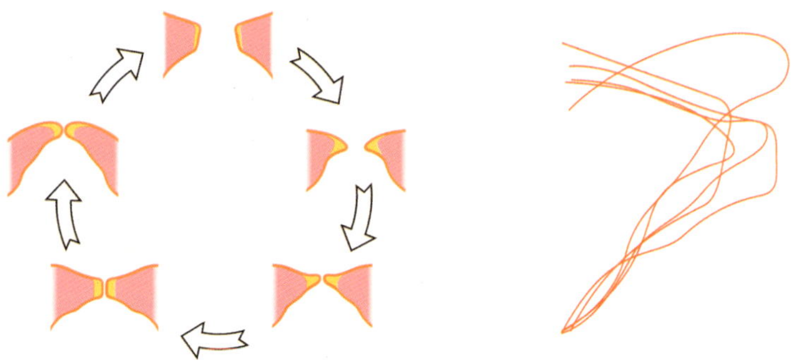

그림 22. 성대의 운동

25) 소리를 만들어 내는 막양성대는 층 구조로 이루어져 있습니다. '몸체와 껍질 이론'은 일본 이시키 교수가 제안한 이론이며 정설로 인정되고 있습니다.

남성은 여성보다 성대가 더 길고 두꺼워지므로 남녀의 음정은 약 1옥타브 정도로 차이가 나 하모니를 이루는 데 좋은 조건이 됩니다.

표 12. 남자와 여자의 성대 특성

	남자	여자
성대 길이	1.9cm	1.4cm
진동수	135Hz	250Hz
목소리	낮은음	높은음

성문(聲紋)

인간의 성대는 얼굴처럼 사람마다 모두 다릅니다. 손가락에 지문(指紋)이 있듯이 목소리에도 각각의 성문(聲紋)이 있습니다.

성문(聲門)

성문(聲門)은 한 쌍의 성대에 의해 만들어지는 후두의 관문으로 호흡할 때는 삼각형으로 열리고 소리를 낼 때는 한 쌍의 성대가 서로 접촉하여 진동이 일어납니다.

후두내시경으로 성대가 움직이는 모습을 보면 숨을 쉴 때 성대는 ∧자로 벌어져 있어 공기가 들락날락하고, 소리를 낼 때는 ‖자로 붙는 형태를 하고 있습니다. 허파에서 바람을 불어 넣으면 붙어있던 성대가 떨어 소리가 납니다.

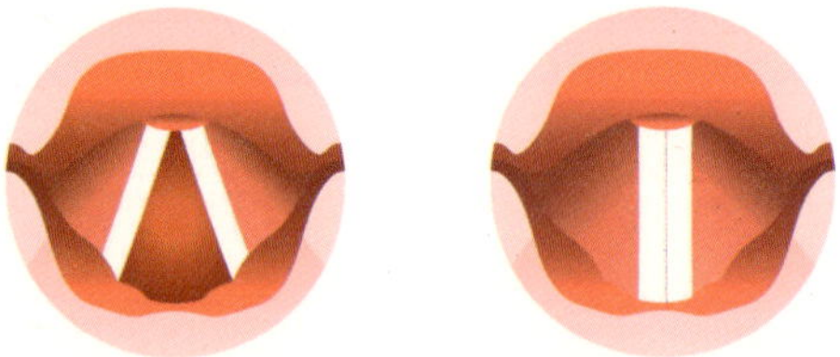

그림 23. 성대 구조, 숨 쉴 때(좌)와 말 할 때(우)

일반적으로 호흡할 때 성문은 삼각형 모양으로 열립니다. 그러나 복식호흡을 할 때는 성문이 5각형으로 벌어지며, 이는 공기 흐름을 3배로 증가시켜 안정된 목소리를 낼 수 있도록 합니다.

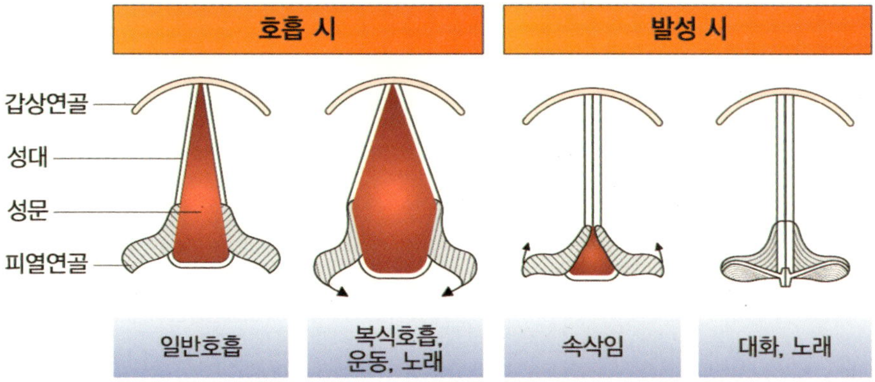

그림 24. 호흡 및 발성 시 성문의 모양

낮은 소리, 높은 소리, 강한 소리, 부드러운 소리

낮은 소리를 낼 때는 성대 전체를 큰 덩어리로 사용하여 큰 진폭으로 운동하고, 높은 소리를 낼 때는 성대가 얇아지고 진동부도 좁아지며 작은 진폭으로 빠르게 진동합니다.

마치 기타 줄의 높은음 줄은 가늘고, 낮은음 줄은 굵은 것처럼, 성대 근육이 얇아지면 높은음이, 굵어지면 낮은음이 나는 것과 같습니다.

또 기타 줄을 팽팽하게 조일 때는 높은음, 느슨하게 풀면 낮은음이 나타나는 것처럼, 성대 근육을 당기면 높은음, 풀면 낮은음이 납니다. 성대의 앞쪽이 진동하면 날카로운 소리가 나고 성대 뒤쪽이 진동하면 어두운 소리가 납니다.

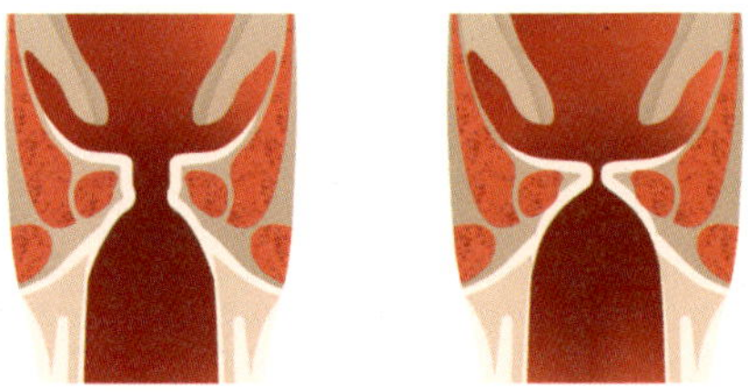

그림 25. 성대의 굵기. 굵은 성대(좌)와 가는 성대(우)

허파에서 바람을 강하게 불면 강한 소리가, 바람을 약하게 불면 약한 소리가 납니다. 성대에서 만들어내는 소리는 성대 굵기의 변화와 허파에서 보내는 바람 강약에 따라 표 13과 같은 소리를 만들 수 있습니다.

표 13. 강한 소리, 부드러운 소리, 낮은 소리, 높은 소리

허파	강한 바람	강한 소리
	약한 바람	부드러운 소리
성대	두꺼움	낮은 소리
	얇음	높은 소리

조음기관

모음

모음은 성대에서 만들어진 소리가 구강에서 막힘없이 나오는 소리로 규칙적인 진동을 갖습니다.

그림 26은 혀끝의 위치에 따라 모음 발음이 만들어지는 것과 입술 모양과 크기에 따른 모음 발음이 만들어 지는 것을 보여주고 있습니다.[26] 그림 27은 조음 위치 및 입이 벌어지는 정도에 따른 모음 삼각형을 보여주고 있습니다.

앞 ← 혀끝의 위치 → 뒤				
이	에	아	오	우

큼 ← 입술 모양 크기 → 작음				
아	에	이	오	우

그림 26. 모음 발음 시 혀끝의 위치와 입술 모양 크기

26) KBS아나운서실한국어연구회 (1991). "아나운서 교본", 서울: KBS문화사업단.

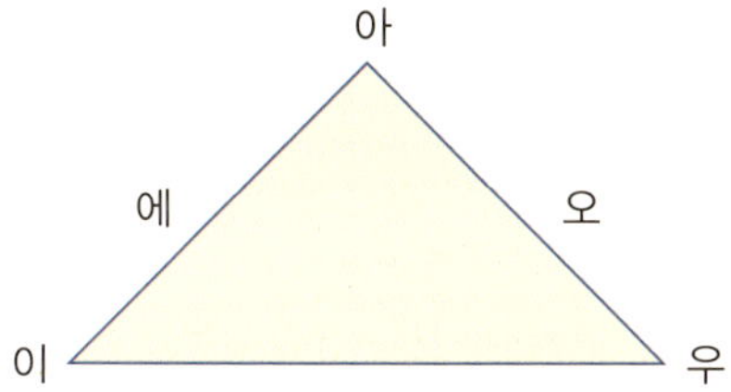

그림 27. 조음 위치 및 입이 벌어지는 정도에 따른 모음 삼각형

자음

자음은 내쉬는 숨이 구강에서 통로가 차단되거나 좁혀졌을 때 나오는 극히 짧은 소리로 불규칙한 진동을 갖습니다.

전화 통화할 때 이름을 못 알아듣는 이유는 자음 발음이 명료하지 않기 때문입니다. 전화 통화나 녹음된 음악에서는 자음이 잘 나타나지 않아 전후 관계 맥락으로 이해하는 경우가 많습니다.

표 14는 조음기관의 모양과 소리에 따른 자음 발음에 대해 보여주고 있습니다.

표 14. 조음기관의 모양에 따른 자음

조음기관의 모양	예사소리	거센소리	된소리	
혀 등이 연구개에 닿음	ㄱ	ㅋ	ㄲ	
혀끝이 윗니 바로 뒤 잇몸에 닿음				ㄴ, ㄹ
	ㄷ	ㅌ	ㄸ	
입술이 다물어 짐				ㅁ
	ㅂ	ㅍ	ㅃ	
이의 모양	ㅅ		ㅆ	
	ㅈ	ㅊ	ㅉ	
목구멍 모양				ㅇ, ㅎ

자음소

자음은 성대가 진동하여 만드는 유성자음과 성대의 진동이 일어나지 않는 무성자음으로 나뉩니다.

표 15는 자음소의 특성을 분류한 것이고, 그림 28은 조음기관 내에서 일어나는 자음발음의 위치를 나타낸 것입니다.

표 15. 자음소의 특성

자음소	청음	탁음	비음	유음
충격음	ㅋ, ㅍ, ㅌ	ㄱ, ㅂ, ㄷ	ㅇ, ㅁ, ㄴ	ㄹ
마찰음	ㅅ	ㅈ		
와류음	ㅎ			

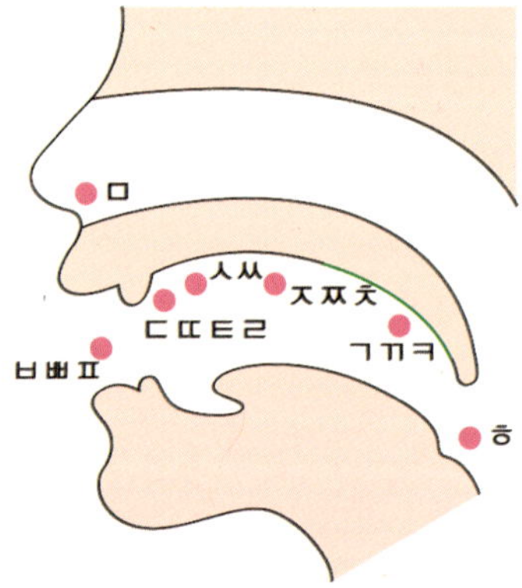

그림 28. 조음기관 내에서 일어나는 자음 발음의 위치

공명기관

공명이란 함께 울린다는 뜻입니다. 즉 어떤 물체가 소리를 내면 다른 물체가 그 소리를 함께 울려서 소리를 낸다는 것입니다. 작은 새의 울음소리가 맑게 들리는 것은 공명관을 최대로 활용하고 있기 때문입니다. 색소폰에서 마우스피스를 뽑아내고 불면 예리하고 높은음을 내지만, 색소폰 몸통에 마우스피스를 끼우고 불면 소리가 관을 지나면서 공명이 되어 아름답고 풍부한 소리를 만드는 것과 같은 이치입니다.

성대에서 만들어진 소리는 색소폰의 마우스피스 소리처럼 음색이 거의 없고 음의 강도도 크지 않은 미약한 소리지만, 그림 29와 같은 인체의 여러 공명 부분을 통하면 울림을 만들어 아름답고 풍부한 소리가 만들어집니다.

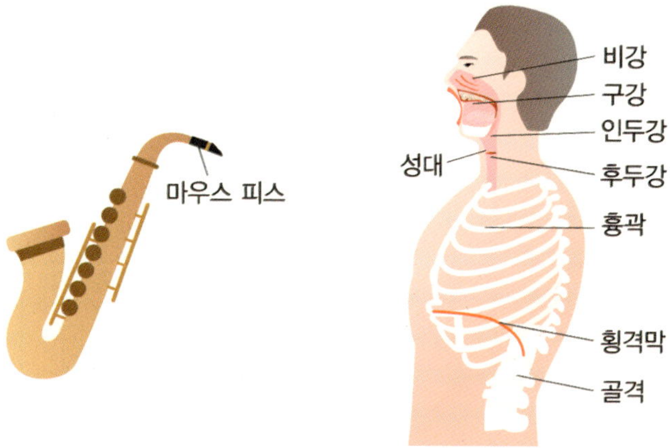

그림 29. 색소폰과 인체의 공명부분

인체의 공명부분[27)]

비 강 - 높은 소리를 낼 때 관여하는 코 부분의 공간

구 강 - 입 안의 공간으로, 형태를 자유롭게 변화할 수 있는 최대의 공명강

인두강 - 입을 벌리면 보이는 공간

후두강 - 성대를 포함하고 있는 공간

흉 곽 - 공간을 형성하고 있지 않으나 중저음을 낼 때 관여

횡격막 - 북의 가죽처럼 울림이 일어 남

골 격 - 뼈에서도 공명이 일어 남

목소리를 낼 때 중요한 공명강인 부비동과 비강의 구조는 그림 30과 같습니다.

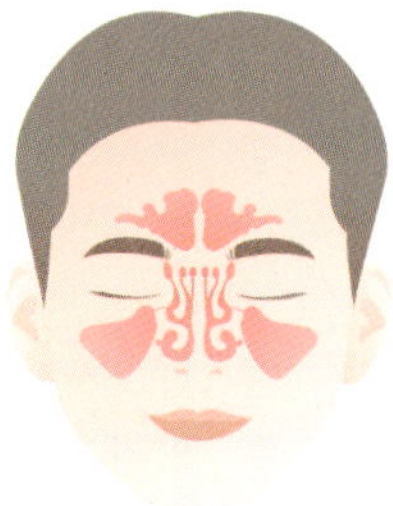

그림 30. 부비동과 비강의 구조

27) 문영일 (1989). 호흡과 발성. 서울: 청우.

6. 발성훈련

목소리를 내는 것은 운동하는 것과 마찬가지이므로
훈련을 통해 음성체력을 기를 수 있다

6 발성훈련

성대는 점막, 인대, 근육으로 이루어져 있어 목소리를 내는 것은 운동하는 것과 마찬가지입니다.[28][29] 그러므로 교수자는 성대를 사용하는 또 다른 형태의 운동선수라고 할 수 있습니다.

목소리는 외모처럼 타고나기도 하지만, 음성체력을 기르고 올바로 소리를 내면 목을 다치지 않으면서 힘 있고 건강한 소리를 낼 수 있으며, 긴 시간 강의해도 지치지 않게 됩니다. 음성체력을 키우는 발성훈련은 내가 가진 목소리의 가능성을 넓히기 위한 도구입니다.

건강한 목소리를 만들기 위해 호흡기관 훈련, 성대 훈련, 조음기관 훈련, 공명기관 훈련에 관한 다양한 방법들을 소개하겠습니다.

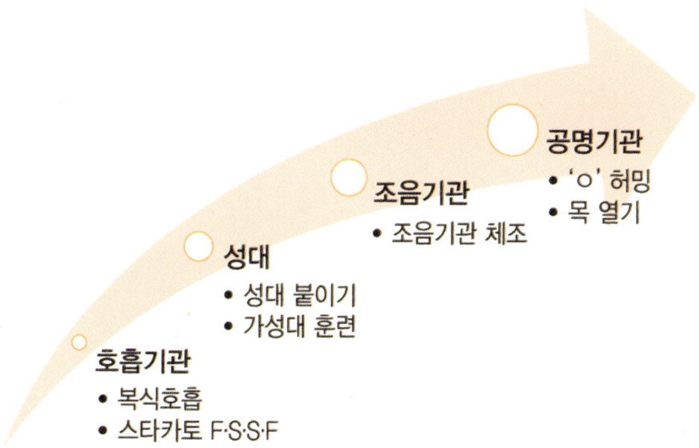

그림 31. 발성 훈련 개요

28) 건강하고 좋은 성대음이 만들어지려면 성대의 '몸체'가 되는 성대근과 근육을 싸고 있는 성대 인대가 건강해야 하고, 실제 개폐진동을 하는 성대의 '껍질'부분, 즉 상피층과 점막 고유층의 상부에 해당되는 라인케 공간(그림 21 참고)이 건강한 층 구조를 이루고 있어야 한다.

29) 최홍식 (2023). 훈민정음 음성학, 이비인후과 전문의 눈으로 본 훈민정음 제자해. 파주: 이회.

호흡기관 훈련

편안한 상태에서 조용히 말을 할 때는 호흡이 크게 중요하지 않지만, 강의할 때는 호흡훈련이 돼 있는 사람과 안 된 사람의 차이는 큽니다.

호흡은 △흉식호흡과 △복식호흡으로 나뉩니다. 흉식호흡은 갈비뼈가 올라가고 내려가면서 가슴으로 숨을 쉬는 방법입니다. 복식호흡은 아랫배로 숨을 쉬는 방법입니다. 복식호흡을 할 때 배가 부풀어 오르기 때문에 마치 들이마신 공기가 배까지 내려가는 것처럼 생각되지만 사실 공기는 폐까지만 이동합니다.

본인이 흉식호흡을 하고 있는지 복식호흡을 하고 있는지 진단하는 방법은 그림 32처럼 한 손은 가슴, 다른 한 손은 아랫배에 대고 숨을 쉬어봅니다. 가슴에 댄 손이 움직이면 흉식호흡을 하는 것이고, 아랫배에 댄 손이 움직이면 복식호흡을 하는 것입니다.

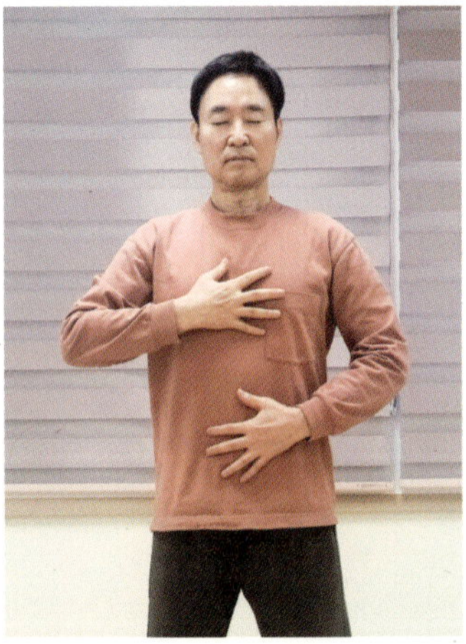

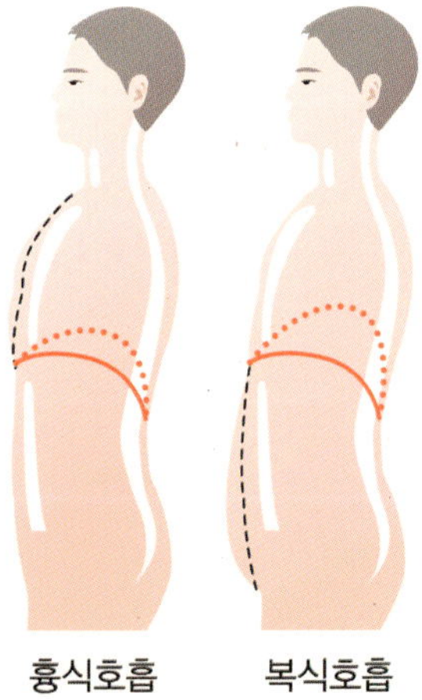

그림 32. 흉식호흡과 복식호흡

횡격막은 근육과 인대로 구성되어 있으며 흉강과 복강을 구분하는 경계입니다. 위로 볼록한 '∩' 형태로 되어있습니다. 호흡할 때 횡격막의 움직임은 다음과 같습니다.

숨을 들이마실 때 - 횡격막 수축 - 편평하게 됨 - 뱃속 장기는 아래로 밀려나 배가 부풀어 남

숨을 내쉴 때 - 횡격막 이완 - 위로 볼록 올라감 - 아랫배 들어감

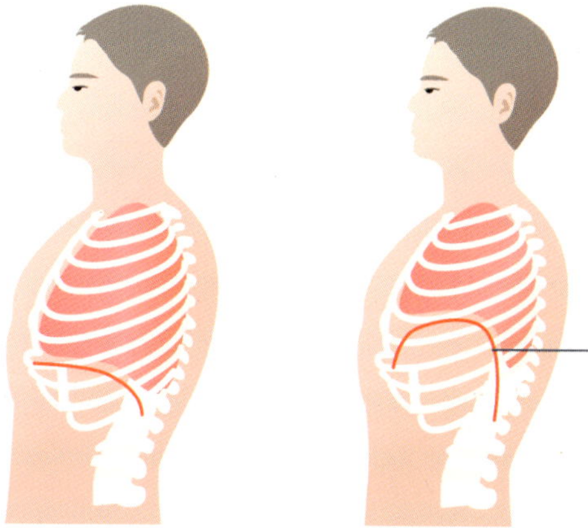

그림 33. 호흡과 횡격막

표 16. 흉식호흡과 복식호흡의 비교

	흉식호흡	복식호흡
움직임	갈비뼈의 확장 수축	횡격막의 수축 이완
	가슴과 어깨	아랫배
폐 확장	폐 확장 제한	폐 확장 큼
	갈비뼈 안에 갇혀 있음	횡격막의 신축성이 큼
성문형태	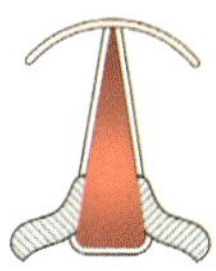 3각형	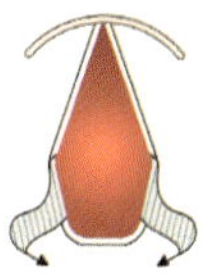 5각형
호흡량	적음	많음
긴장	목 부분 긴장	부교감 신경 자극으로 심신 편안

보통 생목으로 말한다고 이야기하는 경우는 흉식호흡으로 발성하고 있다는 의미입니다. 이를 얼굴 발성이라고도 하는데 목과 얼굴을 통해서 발성하는 경우입니다. 생목으로 말하면 숨이 차서 말이 자주 끊기고 한 호흡으로 할 수 있는 말의 양이

적어집니다. 혀와 입술 등의 조음기관을 거의 사용하지 않기 때문에 소리가 코에 집중되어 비음이 심한 소리가 납니다.

이처럼 복식호흡 없이 강의하게 되면 아래와 같은 폐단이 있으므로 교수자는 반드시 복식호흡을 통해 소리를 내는 훈련을 해야 합니다.

복식호흡 없이 강의하는 경우

- 소리가 떠서 안정되지 못함
- 목소리에 윤기와 탄력이 없어지고 뻑뻑해짐
- 발음이 불분명해져 강의전달력이 떨어짐
- 목으로만 소리를 내므로 목에 힘이 들어가서 성대에 무리를 줌
- 지속해서 큰소리를 내면 성대에 이상이 생김

표 17. 흉식호흡의 폐단

흉식 호흡	갈비뼈 호흡	호흡량 적음	성대 끝부분 사용	목소리 힘없음
			울림 없음	탄력 없는 소리
			생목 말하기	성대 무리
			오래 말하기 곤란	피로감
			호흡길이 짧음	전달력 떨어짐

복부근육 풀어주기

어린 아이일 때에는 배를 움직여 쉬는 복식호흡을 했지만, 성인이 되어가면서 대부분 흉식호흡으로 바뀌게 됩니다. 이렇게 오랜 세월 동안 길들여진 흉식호흡의 습관을 단시일에 고친다는 것은 무리가 있습니다. 따라서 복식호흡에 들어가기에 앞서 보조적인 수단으로 △배치기와 △장운동을 통해 복부 근육을 풀어주어 복식호흡을 원활하게 할 수 있도록 도와주는 과정이 필요합니다.[30)]

30) 이승헌 (1992). 단전호흡. 이승헌, 서울: 대원사.

표 18. 복부근육 풀어주기와 복식호흡의 자세

복부 근육 풀어주기	
배치기	서서
	앉아서
장운동	서서
	앉아서
	누어서

복식호흡	
자세	누어서
	앉아서
	서서
	걸으며

배치기

배치기는 복부근육을 풀어 주는 복식호흡의 준비운동입니다.

배치기 방법은 양손을 편 상태나 주먹 쥔 상태에서 교대로, 혹은 동시에 아랫배를 치는 방식입니다. 자세는 서서 해도 되고 앉아서 해도 됩니다.

배치기의 효과는 긴장된 장과 배 근육을 풀어주어 복식호흡이 원활하게 되도록 하는 것입니다.

그림 34. 배치기

장운동

장운동은 호흡과 관계없이 아랫배를 집어넣고 내미는 동작을 반복해서 빨리 해주는 것입니다. 집어넣고 내미는 연결 동작을 1회로 생각하여 1분에 약 30회 정도 실시하고, 익숙해지면 약 120회 정도 실시할 수 있도록 합니다. 서서히 속도를 빨리하다 천천히 하다를 반복하는 것이 효과적입니다.

장운동은 시간과 장소에 관계없이 행할 수 있습니다. 서서 실행하는 자세가 아랫배에 힘을 주기 쉽습니다.

복식호흡

호흡을 할 때는 내쉬는 숨에 집중합니다. 숨을 뱉으면 자연히 그만큼의 신선한 공기가 폐 속으로 들어오기 때문에 들이쉬는 숨은 따로 생각하지 않아도 좋습니다. 목소리는 숨을 내쉴 때 만들어지므로 내쉬는 숨이 길어지도록 연습합니다. 심리적인 측면에서도 숨을 내쉴 때 심신이 이완되어 편안한 감정을 느낀다고 합니다. 예를 들면, 원하는 물건이나 음식이 보일 때 우리는 숨을 깊게 들이마시지만 포기하거나 체념할 일이 있을 땐 한숨을 쉬게 됩니다. 격한 감정이나 불안한 느낌이 들 때는 숨을 크고 깊게 들이 마시면 좋습니다.

복식호흡은 자세가 아주 중요합니다.

복식호흡 자세

목덜미가 잡아 올려진다고 생각

- 척추 세워짐
- 고개 약간 숙여짐
- 어깨 내려감

표 19. 복식호흡의 효과

복식호흡	횡경막 호흡	호흡량 증가	성대 전체 사용	목소리 힘 있음
			몸통 전체 공명	목소리 깊고 풍성
		장운동	장기능 회복	숙변제거
			혈액순환 활발	피로회복
		자율신경계 자극	심리적 안정	스트레스 해소 불안감 해소

복식호흡 방법

복식호흡 자세는 누운 자세, 앉는 자세, 서 있는 자세 중 상황에 맞거나 자신에게 맞는 자세를 취합니다. 다음 양손을 그림 35와 같이 아랫배에 올려놓습니다. 그리고 △아랫배를 최대한 집어넣으면서 숨을 내쉬고, △아랫배를 최대한 내밀면서 숨을 들이마십니다. 이때 길고 부드럽게 움직이는 것이 중요합니다.

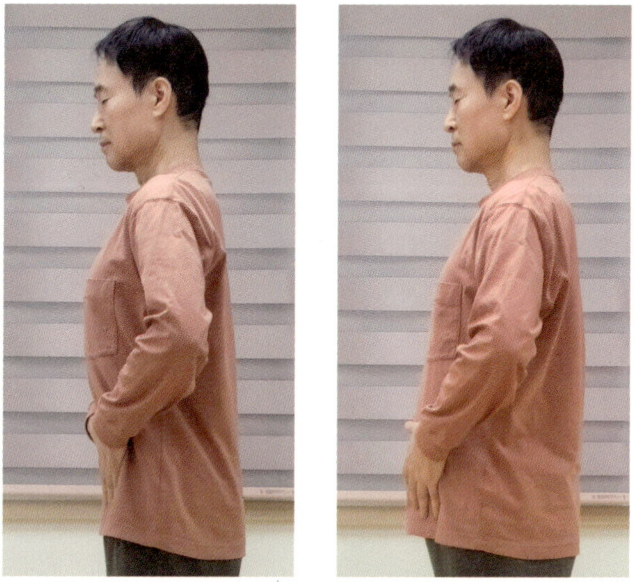

그림 35. 복식호흡 방법

누운 자세 복식호흡

누운 자세 복식호흡은 바로 눕는 자세와 모로 눕는 자세가 있습니다.

그림 36. 누운 자세 복식호흡

초보자는 바로 눕는 자세에서 배 위에 작은 책을 올려놓고 목뒤 베개를 놓은 후 책을 보며 호흡에 맞춰 책의 상하운동을 관찰하는 것도 좋은 방법입니다.

모로 눕는 자세에서의 복식호흡을 할 때는 오른쪽으로 모로 누워 베개를 벱니다. 오른쪽에 있는 간장을 아래로 하면 간에 부담이 없고 호흡에 무리가 적기 때문입니다.

앉은 자세 복식호흡

앉은 자세 복식호흡은 바닥에 앉은 자세와 의자에 앉는 자세가 있습니다. 바닥에 앉은 자세는 두 다리를 서로 교차하여 앉는데 초보자는 허리를 바로 세우기 힘들다는 단점이 있습니다. 초보자는 의자에 앉는 자세를 취하는 것이 좋습니다.

그림 37. 앉은 자세 복식호흡 - 바닥에 앉은 자세, 의자에 앉은 자세

선 자세 복식호흡

선 자세 복식호흡은 △양 손을 배 위에 대고 호흡에 따른 배 부분의 확장, 축소 상태를 감지합니다. △천천히 숨을 내쉬며 F, H, S 등의 무성자음 소리를 길게 냅니다. △분당 16회 정도에서 시작하여 호기의 지속시간을 점차 늘려 나갑니다. 선 자세 복식호흡은 지하철이나 버스 안에서나 약속장소에서 사람 기다릴 때 실행하면 좋습니다.

걸으며 복식호흡

걸으며 복식호흡 방법은 두 발자국에 한 번 들이쉬고 두 발자국에 숨 한번 내쉬는 방식으로 연습할 수 있습니다. 이 방법을 이용하면 먼 길을 걸어도 그다지 피곤함을 느끼지 않게 됩니다.

스타카토 F·S·S·F 훈련법

발성훈련 중에 비교적 빠른 효과를 얻는 발성법은 스타카토 F·S·S·F 훈련법입니다. 이것은 제가 아마추어합창단원으로 활동하던 당시 얻게 된 팁입니다.

아마추어 합창단원으로 노래하던 시절, 리허설을 하고 있는데 지휘자가 솔리스트에게 공연날까지 성량을 10배 크기로 키워오란 주문을 했습니다. 공연날까지 많은 날짜가 남지 않았기 때문에 지휘자의 말을 듣고 저는 그 요구가 과연 가능한 일인지 궁금하기도 하고 한편으론 걱정이 되기도 했습니다. 그리고 마침내 공연 당일, 솔리스트가 노래하는 부분에서 저는 다른 어느 때보다 귀를 쫑긋 세우고 두근거리는 마음으로 듣고 있었습니다. 놀랍게도 그는 정말로 그만큼의 성량을 키워 수십명의 합창단원의 소리를 뚫고 멋지게 소리를 발산했습니다. 목소리에 관한 관심이 컸던 저는 단시간에 이뤄낸 비결이 너무도 궁금해 솔리스트에게 따로 식사를 대접하며 성량을 증폭시킨 방법을 알아냈습니다. 그것이 바로 스타카토 F·S·S·F 훈련법입니다.

스타카토 F·S·S·F 훈련법은 스타카토로 아랫배를 튀기면서 'F·S·S·F'라고 강하게 소리를 내는 방법입니다. 이 스타카토 F·S·S·F 훈련법은 제가 강의들어가기 전에 실행하는 방법으로, 이 훈련을 하면 횡격막이 활성화되고 가성대[31]가 강화되어 목소리가 강해집니다. 목소리가 강해지면 오랜 시간 지치지 않고 강의를 할 수 있습니다.

표 20. 스타카토 F·S·S·F 훈련법 효과

스타카토 F·S·S·F 훈련	호흡기 활성	큰 호흡	강한 소리	음성체력 강화
	가성대 활성	점액, 수분 분비 촉진	성대진동 원활	

31) 그림 39 참고

성대 훈련

성대 붙이기

성대 붙이기는 성대 접지, 성대 닫기, 성대 비비기라고도 불립니다. 성대는 접촉되어 붙을수록 소리의 초점이 분명해지고 전달력과 표현력이 좋아지며 소리는 안정감이 있고 울림 있게 나옵니다. 반대로 성대가 벌어지게 되면 호흡이 딸리고 바람 새는 소리, 쉰소리, 갈라지는 소리가 나고, 성대 근육에도 부담이 생기게 됩니다. 즉 성대가 잘 붙을수록 발성 효율이 높아지고, 벌어질수록 발성효율이 떨어진다는 것입니다. 가수 장윤정이나 산다라박의 목소리는 성대가 잘 접촉되어 나오는 목소리이고, 탤런트 주현이나 최불암의 목소리는 성대가 벌어져서 나는 목소리입니다.

성대를 붙이기 위해서는 성대접촉을 이미지화하면서 뚜렷하고 선명한 소리를 내겠다는 생각으로 발성하는 연습을 합니다.

표 21. 성대붙이기가 잘된 소리와 성대가 벌어진 목소리

성대붙이기가 잘된 목소리	장윤정, 산다라박	초점이 분명하여 전달력 좋음
성대가 벌어진 목소리	주현, 최불암	호흡이 딸리고 바람 새는 목소리

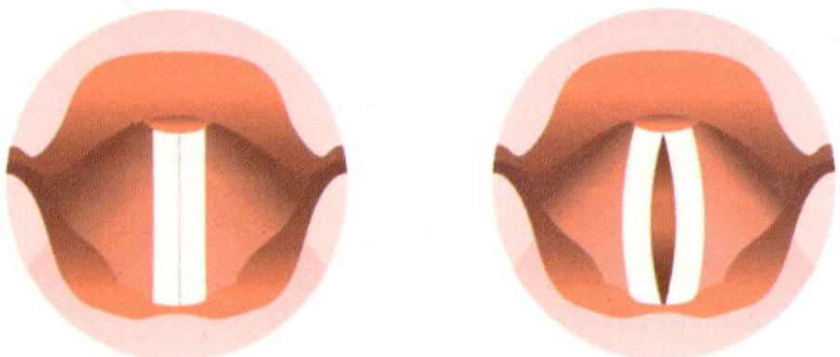

그림 38. 말할 때, 성대가 붙은 상태(좌)와 벌어진 상태(우)

가성대 훈련

성대 바로 위에는 가성대가 돌출되어 있으며, 성대와 가성대 사이에는 후두실이 있습니다.

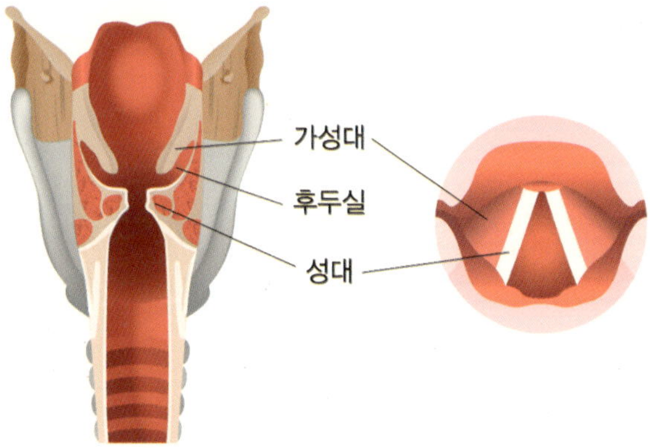

그림 39. 성대와 가성대의 구조

가성대는 성문이 닫히는 것을 보조하여 성문의 압력을 조절합니다. 가성대로 내는 소리는 팔씨름할 때 '으~'하는 소리나 용변을 볼 때 나는 소리 같은 것입니다. 가성대가 활성화되면 성대에 점액과 수분을 공급해주는 역할을 하는 후두실의 기능이 촉진됩니다. 그러므로 가성대의 기능이 좋아지면 음성이 몰라보게 강해집니다.

가성대를 훈련하는 방법으로는 연극 속삭임의 방법이 있습니다.

연극 속삭임

평소에 저는 어려운 결정을 해야 하는 상황이 생길 때마다 멘토로 삼고 있는 스티브 잡스의 생활신조를 연극 속삭임의 방법으로 읽곤 합니다. 그러면 가성대가 활성화되고 성문하압이 강해져 목소리에 힘이 생깁니다. 그럼 아랫글을 연극 속삭임으로 읽어볼까요?

그림 40. 나의 멘토 형님

연극 속삭임 예문

모든 것은 우리 마음먹기에 달렸고, 우리의 결단 속에 있습니다. 인생의 중요한 순간마다 '곧 죽을지도 모른다'라는 사실을 명심하는 것이 저에게는 가장 중요한 도구가 됩니다. 왜냐구요? 외부의 기대, 각종 자부심과 자만심, 수치스러움과 실패에 대한 두려움들은 '죽음'을 직면해서는 모두 떨어져 나가고, 오직 진실로 중요한 것들만이 남기 때문입니다. 죽음을 생각하는 것은 무엇을 잃을지도 모른다는 두려움에서 벗어나는 최고의 길입니다. 다른 사람들의 생각에 얽매이지 마십시오. 타인의 소리들이 여러분들 내면의 진정한 목소리를 방해하지 못하게 하세요. 그리고 가장 중요한 것은 마음과 영갑을 따르는 용기를 가지는 것입니다. 이미 마음과 영감은 당신이 진짜로 무엇을 원하는지 알고 있습니다. 나머지 것들은 부차적인 것이죠.

조음기관 훈련

발음이 부정확하게 나는 이유는 오랜 시간 잘못된 입 모양과 혀의 위치, 발성 습관에서 비롯된 것입니다. 오래된 습관을 고치는 일은 쉽지 않지만 잘못된 습관을 바꾸기 위한 노력이 있다면 얼마든지 명확하고 분명하게 발음할 수 있습니다. 특히 우리말의 경우에는 자음과 모음 등 음절 하나하나를 정확하게 발음해 주어야 합니다.

우리 말소리를 만드는 조음기관으로는 턱과 입술, 혀가 있습니다. 이것들을 움직일 때 성의없이 움직이게 되면, 이를테면 △부드럽게 움직이지 않는 턱, △유연하지 않은 혀, △입술이 경직되거나, △입을 크게 벌리지 않는 경우에는 발음에 문제가 생기기 쉽습니다.

운동 전 스트레칭을 하듯 말하기 전에 조음기관의 긴장을 풀어주고 이완시켜 주는 것이 효과적입니다. 거울을 보며 입 모양을 확인하면서 하나하나 또박또박 말하는 연습이 도움이 됩니다.

조음기관 체조

내성적인 성격을 가지고 있는 사람이라면 발표를 앞두었거나 낯선 사람들과 대화해야 하는 상황에서 특히 더 긴장감에 얼어붙곤 하는데 이럴 때 조음기관의 근육도 함께 경직되어 굳어있는 경우가 많습니다. 특히 아래턱에 힘이 들어가면 입 운동이 잘 안됩니다. 조음기관 체조를 통해 안면근육을 풀어주고, 턱, 입술, 혀 등의 조음기관을 이완시켜주면 발음이 정확해집니다. 또한 말수가 적은 과묵한 사람은 조음기관이 굳어있는 경우가 많으므로 조음기관체조를 더 열심히 할 필요가 있습니다.

조음기관 체조

- 혀 풀기
- 입술 풀기
- 아래턱 근육 마사지
- 안면근육 풀기

혀 풀기

혀가 편안하면 혀 주위의 모든 근육이 편안해지며, 혀가 굳으면 주위 근육이 굳게 됩니다. 보통 때는 혀 차렷 자세를 해줍니다. 혀를 아랫니에 가볍게 접촉하여 편평하게 놓아두는 식입니다. 혀 풀기의 다양한 방법은 다음과 같습니다.

혀 풀기 방법

- 혀 떨기(텅 트릴) - 뜨르르르르--, 초보는 르르르르르를 점점 빠르게
- 혀 근육이 뻐근해질 때까지 입 속 온 구석을 혀로 훑어 줌
- 입을 크게 벌리고 혀로 입술에 침을 묻혀 나감
- 혀로 이닦기
- 혀를 접었다 폈다를 반복
- 개구리가 파리 잡듯 혀 내밀고 집어넣기 빠르게 반복
- 혀 좌우 뒤집기
- 혀를 이빨로 잘근잘근 씹어 줌
- 혀 말기

입술풀기

- 입술 떨기(립 트릴) - 아기가 투레질할 때처럼 '푸르르르르' 아래위 입술 떨기
- 과하게 입을 벌리면서 '아 이 우 에 오'를 발음
- 입술을 꼭 다문 상태에서 입술로 동그라미 그리기 - 시계방향과 반시계방향 반복

턱 마사지

턱에 힘이 들어가면 입이 잘 안 벌어지고 어깨에 힘이 들어가면서 성대조절 근육이 굳어져 좋은 소리를 내기 어렵습니다. 턱의 긴장을 풀어주기 위해 양쪽 아래턱 부분을 양 엄지손가락으로 누르면서 원형으로 돌려주면 턱 관절 근육이 풀어집니다.

안면근육 풀기

- 양쪽 뺨이 아플 정도로 입 속을 풍선처럼 크게 부풀리기
- 다양한 얼굴 표정 짓기
- 얼굴 오므리고 펴기

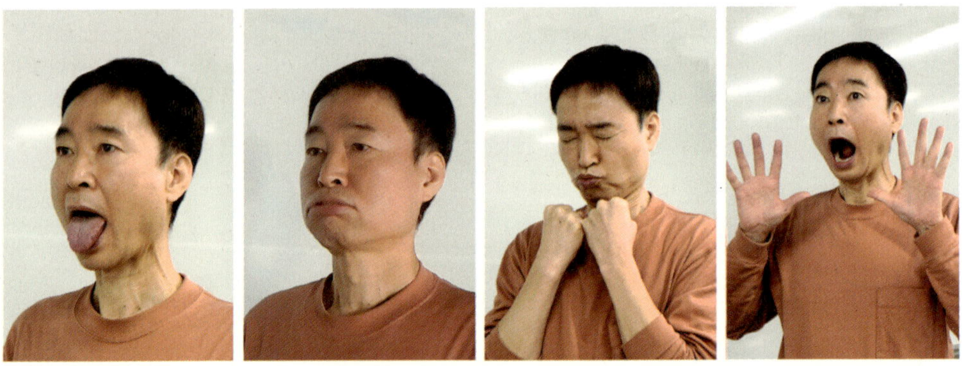

혀 내밀기 입술떨기 얼굴 오므리고 펴기

그림 41. 혀 내밀기, 입술떨기, 얼굴 오므리고 펴기

볼펜 물고 말하기

볼펜을 물고 말하는 연습법은 발음을 교정하는 방법 중에 가장 많이 알려져 있는 훈련법입니다. 볼펜을 입에 물고 말하면 혀, 입술, 입 등의 움직임이 제한되는데,

이어서 볼펜을 빼고 말하면 혀, 입술, 입 등의 움직임이 활발하게 되살아나 발음이 또렷해집니다. 마치 모래주머니를 차고 달리기를 했다가 모래주머니를 풀면 몸이 훨씬 가볍게 느껴지고 달리는 속도가 빨라지는 것과 같은 원리입니다. 그뿐만 아니라 입안의 공간이 넓어져 발성이 커지는 효과도 나타나게 됩니다.

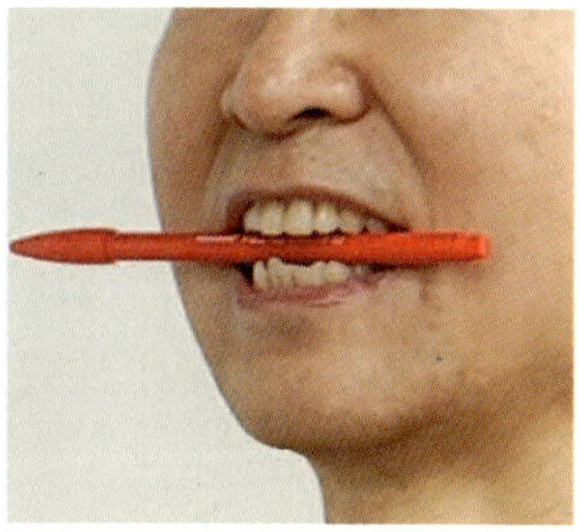

그림 42. 볼펜 물고 말하기

볼펜 물고 말하기 훈련을 위해 굵기가 조금 가는 펜과 침을 닦기 위한 티슈를 준비합니다. 볼펜을 문 상태에서 입술과 양 뺨의 근육, 턱 등을 최대한 많이 움직이며 상대가 내용을 정확하게 알아들을 수 있을 정도로 문장을 또박또박 읽습니다.

볼펜 물고 말하기 연습 예문

학생들이 많은 정보를 탐색하며 어떠한 특효약을 찾기보다 자기가 알고 있는 보이지 않는 내면을 찾아가는 게 중요하다고 봅니다. 뭐가 중요한지는 자기 내면이 더 잘 알고 있기 때문입니다. 그리고 새로운 무언가를 끊임없이 찾아나서기보다 어떤 것을 실행으로 옮기는 능력이 더 중요하다고 생각합니다. 시간관리 능력은 장기적으로 봤을 때 사람의 성공과 실패를 좌우한다고 봅니다. 어떻게 시간관리를 해야 하는가? 제 경우를 예로 설명할게요. 전 원래 투-두-리스트라는 다이어리를 씁니다. 매일 아침 할 일을 나열하여 쓰고 일을 완수하면 리스트 앞에 체크아웃해 나갑니다. 그럼 낭비되는 시간 없이 하루를 보내게 되고 모든 항목이 체크아웃되면 뿌듯한 마음으로 퇴근합니다. 연구나 자기발전, 관심사 등의 목표를 세워 이에 필요한 것을 하나씩 리스트로 작성하고 실행해 나갑니다. 이렇게 목표를 하나씩 세우고 작성해 놓다 보면 어딘 가에 숨어있었던 새로운 목표가 보이기도 합니다. 그리고 목표를 세우고 완수하고 완수하지 못하고를 반복하다 보면 자신의 역량을 파악하게 되어 가능한 목표를 세워서 진행하는 것이 가능해집니다. 이렇게 실행하다 보면 어느새 꿈이 이루어짐을 느낄 수 있습니다. 특히 여름과 겨울방학 때는 큰 주제를 정해 달성하도록 합니다. 그러면 방학이 끝나고 신학기 시작할 때 달성한 결과에 뿌듯해 할 때가 많습니다. 엄청 대단한 목표가 아니라 작은 일이라도 하루하루 완수해 나가는 것이 중요합니다. 그럼 시간은 자기편이 될 것입니다. 기록하면 실행력이 높아지고 소원이 이루어지는 기적이 일어납니다.

입 크게 벌리기

입 모양이 정확하지 않은 사람들은 말을 할 때 우물우물하거나 작은 소리로 말하는 습관이 있습니다. 발음이 명확하지 않은 사람은 입을 크게 벌려 발음하기 어려운 문장을 낭독하면서 또박또박 발음하는 훈련으로 나아질 수 있습니다. 입을 크게 벌리면서 말하면 자신감이 넘치고 외향적인 모습으로 비춰집니다. 낭독훈련에 관한 자세한 설명은 다음 낭독훈련 부분에서 다시 이야기하겠습니다.

공명기관 훈련

성대를 떨어 만들어내는 소리는 매우 미약합니다. 이 성대 소리는 성대를 무리하게 진동시키거나 공명강을 무리하게 압박하지 않고 몸 전체에 무리한 힘을 주지 않으면 목소리는 자연스럽게 공명되어 나옵니다. 그러나 보다 풍부하고 아름다운 소리를 내기 위해서는 다음과 같은 공명기관의 훈련이 필요합니다.

비강 울림

조음기관에서 만들어진 목소리는 비강과 부비동을 울리며 매력적인 소리로 증폭됩니다.

비강울림을 훈련하는 방법은 △'ㅇ'허밍 훈련과 △비음점 훈련이 있습니다.

'ㅇ' 허밍훈련

'ㅇ' 허밍훈련은 '앙'하며 입을 벌린 상태에서 '아' 소리는 빼고 받침인 'ㅇ' 소리를 내면서 코에 손을 대고 떨림을 느끼며 산토끼 노래를 부릅니다. 복식호흡을 이용하며 비강을 생각하며 부릅니다.

산토끼 토끼야 어디로 가느냐
깡총깡총 뛰면서 어디를 가느냐

산 고개 고개를 나 혼자 넘어서
토실토실 알밤을 주워서 올 테야

비음점 훈련

비음점이란 입술과 만나는 인중의 제일 끝 지점을 말합니다. 비음점 훈련은 손가락을 비음점에 대고 허밍으로 '음 ~ ~ ~' 하고 소리를 내면서 비음점이 울리도록 합니다. 그리고 목소리를 낼 때마다 이 비음점을 통해 소리가 앞으로 튀어 나간다고 생각하는 것입니다. 그렇게 되면 윗니와 윗입술 주변의 떨림이 강하게 느껴집니다.

목 열기

목을 열어주면 후두부와 구강의 공간이 넓어져 열린 소리가 나며 공명이 잘 일어납니다. 목 열기 수단은 그림 43과 같이 △후두부 내리기와 △연구개를 올리는 방법이 있습니다.

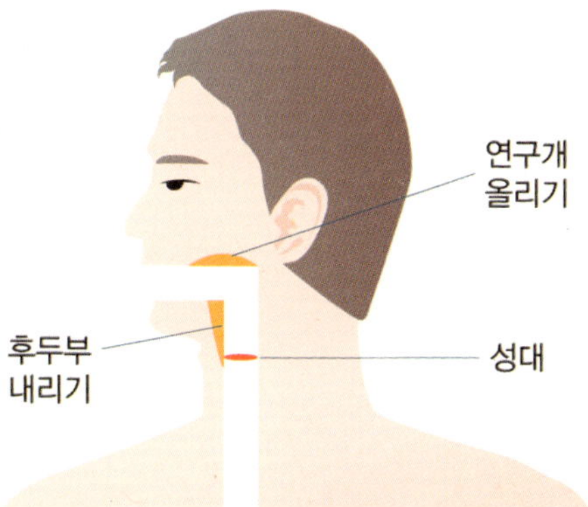

그림 43. 목 열기 - 후두부 내리기, 연구개 올리기

목 열기는 입을 다물되 이빨 위 아래를 뗀 상태에서 구강 전체가 동그랗게 열려 있는 느낌이 들도록 하는 상태입니다. 이러한 상태를 유지하기 위해 보통 △구강미소 짓기, △하품하듯 하기, △입안에 탁구공을 넣은 느낌, △멍하니 입을 벌리고 있기 등을 유지하라고 주문합니다.

상대에게 미소 짓는 것처럼 웃는 얼굴로 입술 양 끝을 위로 올리면 연구개가 올라가서 구강이 넓어집니다. 이렇게 웃는 얼굴을 하며 상악으로 말한다는 느낌으로 연습하면 비강공명이 최대가 됩니다.

후두부 내리기

혀 뒷부분, 즉 후두부를 내리면 입과 목 안의 공간이 열립니다. 평상시 말할 때도 이처럼 후두부를 내립니다. 후두부를 내리면 가수 이소라나 탤런트 이선균의 목소리 같은 좋은 바리톤 소리가 나고, 후두부를 올리면 가수 김건모나 자이언티가 부르는 노래처럼 얇은 아이 목소리가 납니다.

표 22. 후두부 내린 목소리와 후두부 올라간 목소리

후두부 내린 목소리	이선균, 이소라	울림 있는 바리톤 목소리
후두부 올라간 목소리	김건모, 자이언티	얇은 아이 목소리

연구개 올리기

연구개란 입천장 뒤쪽에 있는 부드러운 근육부분입니다. 거울로 입을 크게 벌려 안을 관찰해보면 가운데 목젖이 보이고 양 옆으로 둥글게 내려오는 아치가 보입니다. 엄지손가락을 입에 넣고 위로 누르면 연구개가 부드럽게 올라가는 것을 느낄 수 있습니다. 하품할 때처럼 아치를 활짝 열어주면 연구개는 살짝 위로 올라가고 목구멍이 크게 확장되는 게 보입니다.

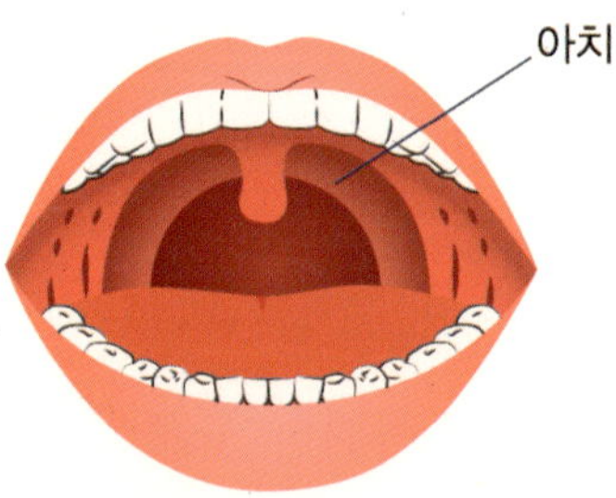

그림 44. 구강 내 아치

경구개는 고정되어 있으므로 구강을 넓히기 위해서는 연구개를 위로 올립니다. 구강의 아치를 둥글고 넓게 만들면 입안의 넓어진 공간에서 소리가 둥글게 공명하여 맑고 큰 음성이 만들어집니다. 연구개를 올리면 구강과 비강이 동시에 사용되는 공명효과를 볼 수 있습니다. 목의 아치가 크고 아치의 주름이 확실하게 둘로 나뉘어 있는 사람은 선천적으로 목소리가 잘 울리고 자유자재로 다양한 목소리를 낼 수 있습니다.

연구개를 올리는 연습을 위해 아치 근육을 벌렸다 풀어 주기를 반복하면서 내 마음대로 조절할 수 있도록 합니다. 강의할 때는 아치를 넓힌 상태에서 합니다.

목 열고 말하기 연습 예문

군대를 제대하고 4학년으로 복학했을 때, 다들 그렇겠지만 미래에 대한 생각을 많이 하게 되었어요. 몇 년 만에 다시 수업에 들어갔는데 교단에 계신 교수님의 모습에서 뭔지 모를 아우라를 느꼈죠. 그때부터 앞에 계신 교수님처럼 되고 싶다는 꿈을 꾸게 되었어요. 졸업 학년이 되어서야 진로고민을 했으니 어찌보면 참 늦게 철이 든 거죠.

하지만 언제라도 꿈을 갖는 게 중요하다고 생각합니다. 어떤 꿈이든 좋아요. 거창하지 않아도 되고, 중간에 바뀌어도 좋습니다. 제가 복학 후 꾸었던 꿈처럼, 꿈은 자신을 이끄는 원동력이 되니까요. 꿈을 갖기 위해 너무 깊게 연구하지 않아도 좋습니다. 조그마한 것이라도 자신이 닮고 싶은 워너비가 있다면 그것이 곧 꿈이 될 수 있습니다. 바로 그 워너비 자체가 자신의 꿈을 향해 끌고 가기 때문이죠.

발성 시 흉성, 두성

우리가 말할 때에는 어느 한 곳에서 소리가 나는 것이 아니라 신체의 여러 곳에서 울림을 만들어냅니다. 이때 울리는 위치에 따라 각각 특색 있는 소리가 납니다. 저음에서는 몸통의 울림이 많고 고음부로 갈수록 두성을 많이 사용하게 됩니다. 다만 어떤 소리를 더 많이 낼 것인가는 자신의 의지로 조절할 수 있습니다.

훈련을 받지 않은 일반 사람이 고음을 내면 목이 좁아지고 후두가 올라가고 조여지므로 공명이 잘 안되어 약한 소리가 나고 차오르는 느낌이 납니다. 목이 조여지면서 목으로 내는 소리가 납니다.

표 23. 발성 높이에 따른 흉성, 두성 사용

	발성높이	특성	사용
흉성	중저음 저 음	힘이 강함 유연성 부족	대화할 때 사용
두성	고 음	날카로운 소리	노래 부를 때 고음 영역에서 사용

고음과 저음의 영역별로 공명을 활용하는 방법을 알아봅시다. 일단 앞가슴에 손을 대고 저음부터 고음으로 바꾸어가며 소리를 냅니다. 저음을 낼 때는 앞가슴이 울리지만, 고음으로 갈수록 앞가슴의 울림이 덜 해짐을 느낄 수 있습니다. 목소리가 점점 높아질수록 흉성에서 두성으로 넘어가게 됩니다. 중저음의 매력있는 소리를 갖고 싶거든 말할 때 앞가슴이 울리도록 훈련하여 흉성공명이 발달하도록 합니다. 저는 합창단에서 베이스를 담당하고 있는데 노래 부를 때 앞가슴이 울리도록 항상 체크하고 있습니다.

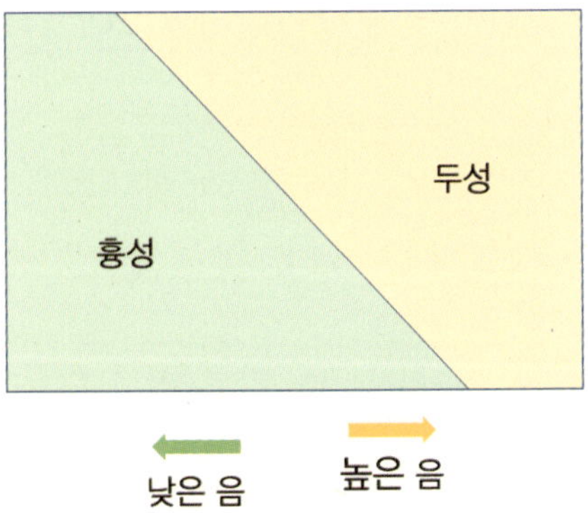

그림 45. 고음 저음 영역별 공명 활용

7. 낭독훈련

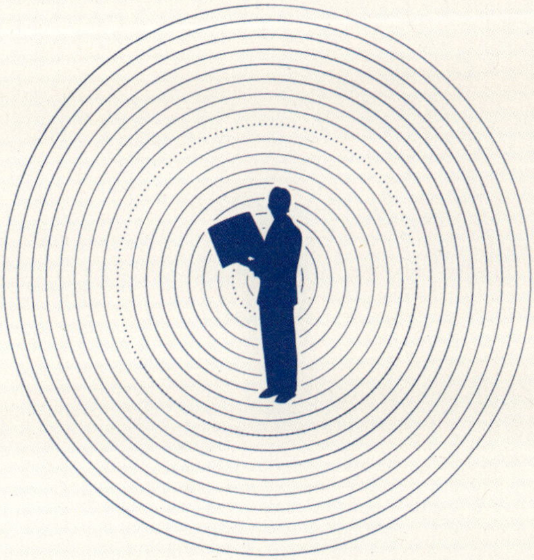

낭독훈련이란 내가 가진 목소리의 가능성을
넓히기 위한 도구이다

왜, 목소리 디자인인가

주변에서 상황에 맞지 않는 목소리를 내는 경우를 자주 볼 수 있습니다. 강의를 대화하듯 하는 경우, 발표를 웅변하듯 하는 경우 등. 그런 경우에는 목이 상할 수 있고 강의 전달력도 떨어집니다. 목에 무리를 주지 않으면서 상황에 맞는 목소리를 내기 위해 목소리 디자인이 필요합니다.

패션학과에 있다 보니 패션디자인이라는 용어가 친숙합니다. 패션디자인이란 소재, 컬러, 스타일의 3가지 요소로 결정됩니다. 마찬가지로 목소리도 발성, 음색, 목소리 스타일로 구성될 수 있다고 생각하였습니다. 패션이란 시간, 장소, 상황에 맞게 옷을 입는 것인데, 목소리도 대화, 강의, 회의 등에 따라 상황에 맞게 내야 합니다. 그러면 목소리에도 디자인이 필요하다고 생각해보면 어떨까 싶었습니다. 패션디자인이 소재를 가지고 색상과 스타일을 변화시키는 것이라면 목소리 디자인 역시 발성을 가지고 음색과 목소리 스타일 변화를 통해 다양한 상황에 걸맞은 목소리를 만들어 낼 수 있다고 생각합니다.

그림 46. 목소리 디자인과 패션 디자인의 3가지 요소

그럼 목소리 디자인을 설명하기 위해 우리 이미지에 큰 영향을 미치는 헤어를 예로 들어보겠습니다. 먼저 미용실에 가서 헤어컷을 합니다. 그리고 매일 샴푸를 하고 빗질을 기본으로 해주지만, 학교를 가거나 소개팅, 면접 등의 상황에 따라 머리핀을 붙이거나, 파마를 하거나, 고데를 하여 컬을 주거나, 어떤 경우에는 염색을 하기도 합니다. 이처럼 목을 관리하거나 상황에 맞게 목소리를 맞춰주는 것을 목소리 디자인이라고 합니다.

목소리를 디자인하는데 필요한 3가지 재료는 호흡, 발성, 발음입니다. 이들 재료를 가지고 잘 요리해야 상황에 맞는 목소리를 만들 수 있습니다.

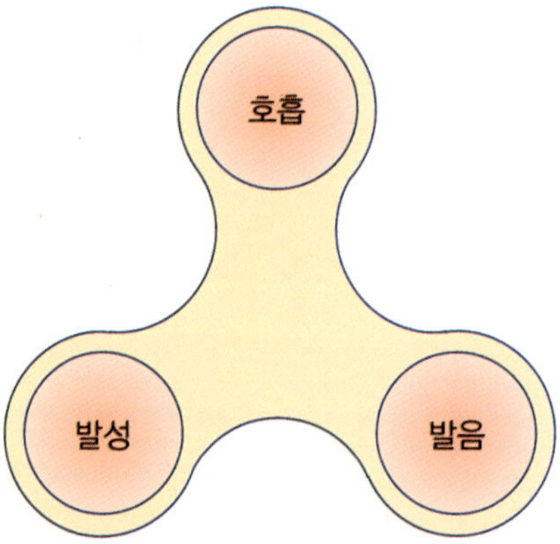

그림 47. 목소리 디자인을 위한 3가지 재료

목소리 훈련

목소리 훈련의 하드웨어, 소프트웨어

축구선수의 훈련을 보면 체력훈련과 기술훈련 2가지로 나뉘어 있습니다. 목소리 디자인의 개념을 정리하면서 축구선수의 훈련처럼 목소리 훈련도 2가지로 나누어 구분해 보았습니다. 발성기관의 내구력 향상에 관한 하드웨어적인 면과 목의 상태를 유지관리하고 상황에 따라 목을 유연하게 다루는 소프트웨어적인 면이 바로 그것입니다. 목소리 하드웨어란 발성기관의 기본적인 체력훈련이라고 보면 됩니다.

목소리 소프트웨어란 낭독이나 내레이션 연습을 통해 목소리의 다이내믹을 크게 넓히는 훈련이라고 보면 됩니다.

그림 48. 목소리 훈련과 축구선수 훈련

목소리 훈련의 3층 피라미드 구조

저는 목소리를 훈련하는 단계를 3층 피라미드와 같은 구조라고 생각했습니다. 목소리 기본훈련이 발성법의 주춧돌 역할을 하고, 기술적인 훈련을 통해 목소리를 디자인하며, 최종적 목소리 완성단계인 연기화법으로 목소리를 말랑말랑하게 하여 상황에 따라 자유자재로 목소리를 이용할 수 있게 한다고 말입니다. 목소리 디자인은 목소리 훈련의 중간단계로 기본적으로 탄탄한 발성을 기본으로 하여 음색과 스타일을 입히는 작업입니다.

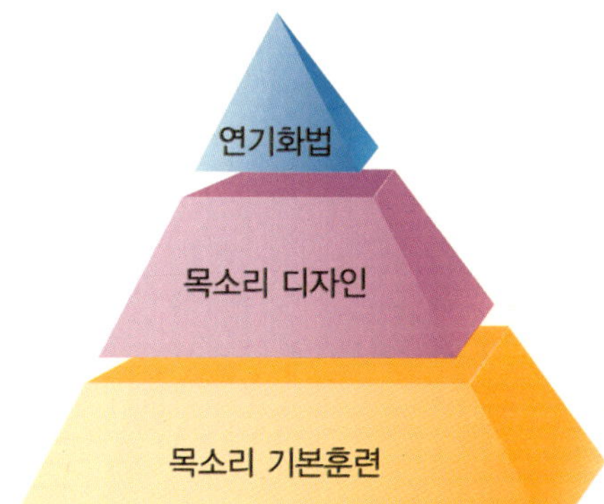

그림 49. 목소리 훈련의 피라미드 구조

목소리 선생님

녹음기는 나의 선생님

목소리를 교정하기 위해서는 가장 먼저 현재 나의 상태를 정확하게 점검하는 일이 우선되어야 합니다. 그래야 내 문제가 무엇인지, 목소리의 어떤 점을 보강하고 바로잡아야 할 것인지 알 수 있습니다.

처음 제가 강의하는 목소리를 녹음해서 들었을 때 스스로 너무 놀라고 충격을 받았던 기억이 있습니다. 분명 강의를 한 사람은 나인데 녹음된 목소리는 전혀 다른 누군가처럼 들렸기 때문이었습니다. 지금도 그때의 낯설음과 충격을 떠올리면 스스로 민망해지기도 합니다.

분명 열정을 가지고 최선을 다한 강의였지만 말끝마다 '어~' 하는 불필요하고 집중을 흩트리는 음성습관이 왜 그리 많았는지... 음성습관 뿐 아니라 목소리에서 보완해야 하는 다른 점들도 발견할 수 있었습니다.

녹음된 목소리가 낯설게 느껴지는 경험을 해본 사람들도 많을 것으로 생각합니다. 그렇다면 내가 듣는 소리와 상대가 듣는 소리가 다른 이유는 무엇일까요?

다른 사람이 듣는 나의 목소리는 공기를 통한 음파가 상대방의 고막을 울리면서 전달됩니다. 그러나 스스로 말하는 것을 듣는 경우는 두개골에서 감지된 진동음을 듣게 됩니다. 그래서 자기 목소리는 더 굵고 안정되게 생각하고 듣게 되는 겁니다. 하지만 녹음된 자신의 목소리는 음파로만 듣기 때문에 우리는 그것을 낯설게 느끼는 것입니다. 실제로 남들이 듣는 자신의 목소리는 녹음된 목소리에 더 가깝습니다.

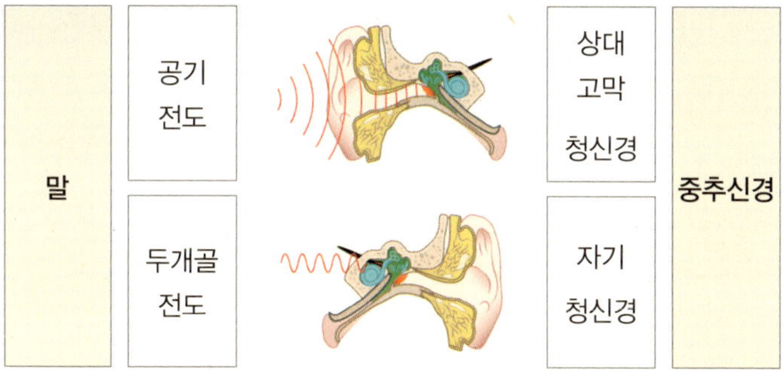

그림 50. 상대 귀와 나의 귀로 듣는 구조

현재 내 목소리가 가진 문제가 무엇인지 파악하고 문제의 원인을 해결하기 위해 나의 녹음 목소리를 들으며 다음과 같은 몇 가지 셀프 진단을 합니다.

나의 녹음 목소리 셀프 진단법

- 톤의 변화 없이 단조로운 목소리입니까
- 웅얼거리거나 부정확한 발음을 하지 않나요
- 속삭이듯 말하는 목소리입니까
- 너무 권위적인 목소리는 아닌가요
- 지나치게 높은 톤으로 깩깩 거리는 목소리입니까
- 카랑카랑 날카로운 목소리입니까
- 비음이 섞인 목소리입니까
- 사투리나 특정 억양이 너무 강하진 않습니까
- 잘못된 호흡법으로 숨이 차거나 가쁘진 않습니까
- 헛기침을 자주 합니까
- '어~'와 같은 습관 언어가 빈번합니까

거울은 나의 두 번째 선생님

거울을 보며 연습하는 방법은 녹음기를 사용하는 것과 비슷한 맥락에서 활용하면 반드시 유용한 방법입니다.

정확하고 또박또박한 발음을 위해 안면근육의 긴장을 풀어주는 표정 연습을 하라고 앞서 언급했습니다. 감정을 억제하지 않고 얼굴표정을 풍부하게 하면 맑은 목소리를 낼 수 있습니다. 입모양은 음색을 좌우할 정도로 매우 중요합니다. 또한 효과적인 전달을 위해 다양한 표현력을 익히는 것이 중요하다는 이야기도 했습니다. 목소리의 강약과 템포, 끊어 말하고 쉬어주기 외에도 다양한 제스처를 통해서도 전달력을 높일 수 있습니다.

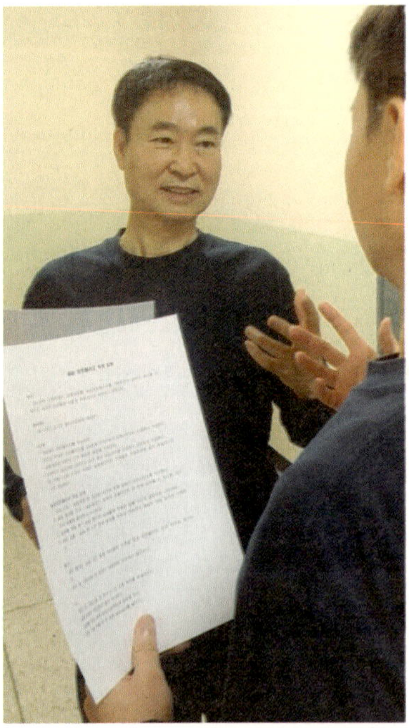

그림 51. 거울 앞에서 강의 리허설

거울 앞 강의 리허설 셀프 진단법

- 미소를 띠고 있는지
- 표정이 너무 딱딱한지
- 입을 크게 벌리고 있는지
- 혀와 턱, 입술, 목, 어깨에 힘이 들어가는지
- 손동작이 적절한지
- 복식호흡을 하고 있는지

평소에 거울을 보며 연습했다면 자신이 직접 강의하는 모습을 영상으로 촬영해 실전에서 본인의 강의 습관을 알아보는 것도 큰 도움이 됩니다. 그저 음성만 듣는 것보다 영상으로 촬영한 자료를 통해 강의할 때 내게 어떤 습관이 있는지, 좀 더 발전시켜 나갈 부분은 없는지 확인할 수 있습니다. 강의할 때 동선은 어떤지, 좋은 교수자의 모습으로 강의하는지 체크하며 혹시 문제가 있거나 보완할 부분이 있다면 거울을 보고 연습하는 방법으로 고쳐나가도록 합니다.

낭독

낭독 호흡

안정적인 목소리를 내기 위해 호흡은 무척이나 중요합니다. 강의시 올바른 호흡을 위해 낭독호흡법을 추천합니다. 낭독호흡을 할 때는 가급적 한 호흡에 오래도록 또박또박, 숨이 완전히 소진할 때까지 읽어야 합니다. 불필요한 부분에서 호흡을 끊어 새로운 호흡을 하게 되면 의미 전달의 흐름이 끊어지고 집중력도 흩어집니다. 만약 누군가와 이야기하는 상황에서 계속해서 중간에 숨을 쉬며 끊어 말하기를 하는 경우를 떠올려 보십시오. 이야기의 내용보다는 숨을 쉬는 상대방의 호흡에 집중되어 불편함을 느끼게 될 것입니다.

낭독을 이용한 호흡법을 연습하면 폐활량을 늘리는 데에도 효과적입니다. 폐활량이 커져서 호흡이 길어지면 훨씬 더 안정적이고 세련된 느낌의 낭독을 할 수 있습니다. 호흡이 길어지면 한 번의 호흡으로 말할 수 있는 단어 수가 늘어나 감정 전달이 잘되고 강의 전달력이 좋아집니다.

분당 호흡수는 평상시 분당 16회 정도이고, 말할 때는 분당 12회 정도입니다. 강의할 때 호흡의 양은 약 6초~10초 정도의 숨으로 강의할 수 있는 양이 적당합니다. 호흡이 남았다고 해서 호흡을 저축하지 않도록 합니다. 한 구문에서 한 번의 숨을 다 소진하고 남은 숨은 다 내보내고 다시 숨을 쉽니다. 낭독호흡을 통해 문장의 마침표까지 한 호흡에 읽어가는 연습을 꾸준히 해줍니다.

낭독호흡을 훈련하기 위해 신문 사설은 훌륭한 교재가 됩니다. 매일 새로운 사설을 바꿔 읽으며 연습해봅니다. 이렇게 낭독호흡을 연습할 때 말하기의 속도가 너무 빨라지지는 않는지 주의하며 의도적으로 빠르게, 느리게, 강하게, 약하게 등 다양한 변화를 주어 낭독합니다. 내용에 따라서는 자연스러운 포즈나 제스처를 활용하는 것도 도움이 됩니다.

호흡시간을 늘리기 위한 방법으로 소극적인 방법과 적극적인 방법이 있습니다. 소극적인 방법으로는 앞서 얘기한 낭독 호흡법을 사용하며, 적극적인 방법으로는 등산과 같은 유산소 운동을 통해 폐활량을 늘리는 것입니다.

내레이션으로 연습하기

우리가 내레이션을 할 때 묵독, 음독, 낭독의 3단계를 거칩니다. 내레이션하듯 연습하는 방법은 인칭에 따라 느낌을 달리 하는 것이 포인트입니다. 한 문장을 끊어 읽기보다는 한 호흡에 읽어주는 것이 원칙이며 끊어 읽게 될 때는 중요한 단어와 포즈점을 체크합니다.

어미를 계속 내려 읽으면 분위기가 너무 가라앉게 되고 반대로 계속 올리면 너무 가볍거나 뜨는 느낌이 들게 됩니다. 그리므로 적절하게 올리고 내리는 변화를 주어 자연스럽고 안정적인 내레이션 읽기 연습을 해봅니다. 특히 요즘 내레이션은 자연스러움, 꾸미지 않은 듯 하지만 리듬감을 잃지 않는 스타일이 주가 됩니다. 강조하지 않은 듯, 그런데도 귀에 쏙쏙 들어오는 내레이션 읽기가 좋은 내레이션 읽기입니다.

내레이션 연습 예문

호모 파베르, 즉 제작하는 존재로서의 인류가 만들어낸 도구는 무수히 많으며 또한 엄청난 진보를 기록했다. 그러나 의류만큼 인간의 신체 가까이 서 일찍부터 진보해온 것은 없다고 해도 과언이 아닐 것이다. 그럼에도 불구하고 다른 기기들에 비하면 진보의 걸음이 다소 더디게 보여져, 의류의 역사적 의의는 그다지 크게 어필되고 있지 않다. 그러나 그 심층으로 들어가 보면 사실은 인간의 치열한 노동과 정신적 노고가 있었음을 알 수 있다.

누에는 약 4,800년이나 뽕나무 잎의 셀룰로오스를 소화하여 가느다란 명주실을 토해내 왔다. 그것은 수 천년에 걸쳐서 인간사회에서 가장 고급인 섬유로 인기를 차지했다. 아마도 단일 품목의 생산품으로 이토록 커다란 역사적 족적과 의의를 남긴 예는 일찍이 없었을 것이다. 유럽에서는 명주 생사의 비밀을 6세기경에 가서야 알게 되었으며, 비단생산에 대한 오랜 유럽인들의 열망을 부추겼다. 로버트 후크라는 영국의 물리학자는 1664년에 "말을 하지 않는 이 작은 벌레를 흉내 낼 수 있는 사람이 있다면 그 사람은 헤아릴 수 없는 부를 차지할 것이다" 라고 예언했다.

또박또박 읽기 연습

서울시내 도로는 출근 시간대보다
오후 2시에서 8시 30분 사이가
더 혼잡한 것으로 나타났습니다.

서울시는 오늘
주간 교통혼잡예보제 시범 시행을 앞두고
시내 전체 도로 4천8백 여 구간의
최근 한달 차량 소통 정보를
요일과 시간대별로 분석해 발표했습니다.
이 자료를 보면 토요일 오후 1시 30분부터
오후 7시 까지가 가장 혼잡하고
출근 시간대 중에는 월요일이
가장 막히는 것으로 조사됐습니다.

입을 게으르게 만들지 마라

입이 게으르다는 것은 입의 움직임을 최소화하여 입을 크게 벌리지 않고 말하는 것을 의미합니다. 일반 대화를 할 때와 강의를 할 때의 가장 큰 차이는 입을 벌리는 정도의 차이입니다. 일반 대화에서는 입을 적당하게 벌려 말을 해도 충분히 의미가 전달되지만 강의를 할 때는 입을 크게 벌려줘야 합니다.

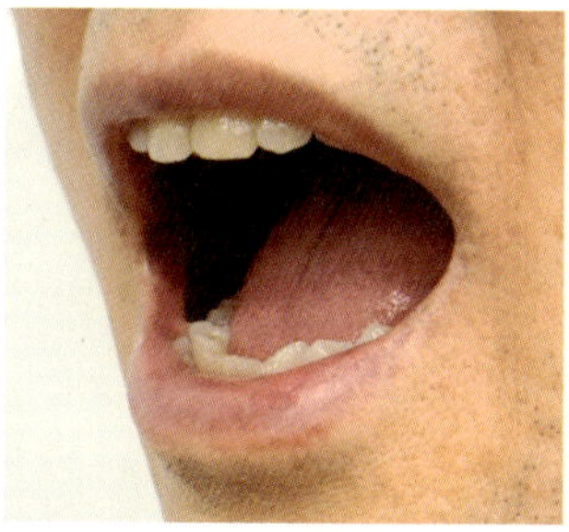

그림 52. 말할 때 입 크게 벌리기

입을 크게 벌리면 모음 소리 위치가 목청에서 잡히므로 소리가 맑아집니다. 입을 크게 벌리지 않으면 △입 안에서 혀가 원활히 움직일 수 없어 작고 긁히는 소리가 나고, △구강 공명 공간이 좁아져 소리가 울리지 않아 둔탁한 소리가 나고, △소리 피치가 올라가지 않으며, △근육이 이완되지 않아 성대결절에 걸리기 쉬워집니다.

입 크게 벌리기 훈련으로 입을 크게 벌리며 '아 에 이 오 우' 모음을 발음합니다. 이렇게 하면 굳어졌던 안면근육이 이완되어 입을 벌리기가 부드럽고 쉬워집니다.

크래시아 발음 연습법

발음의 정확성은 입 근육과 혀 근육의 움직임과 연관이 있습니다. 크래시아 발음 연습은 연극배우들이 무대에 올라가기 전 발음 근육을 풀어주기 위해 실시하는 발음

연습법입니다. 발음하기 어려운 단어들의 조합으로 되어있습니다.

로얄 막파 싸리톨
쥬피탈 캄파 큐을와
셀레우 아파쿠사
푸랜 마네푸 슈멘헤워제
깅강후리와 디다스코
바시레이아 게겐네타이
페레스테란 포로소 폰
파라클레세오스 쏘테라이스
카타루사이 마카리오스
에코루데산 디카이오수넨
플레로사이 아프스톨론
우라이노스 아휘엔타이

뒤에서부터 읽기

글을 읽다 보면 처음에는 또박또박 읽다가도 나중으로 갈수록 대충 읽게 되는 경우가 있습니다. 이렇게 대충 설렁설렁 읽다보면 정확한 발음이 나지 않고 뭉개지게 됩니다. 이럴 때 글을 뒤에서부터 읽는 방식으로 읽어보면 쉽게 만날 수 없는 글자의 조합이 만들어집니다. 뒤에서부터 읽는 방법은 크래시아 발음연습의 대체방법입니다. 입을 최대로 활용해야 정확한 발음을 구사할 수 있습니다.

이 방법은 성우 지망생들의 발음 고민 해결법으로 많이 사용되는데 매일 아침, 점심, 저녁으로 40분씩 연습한다면 3달 안에 발음 고민이 해결될 수 있다고 합니다. 성우는 발음으로부터 자유로워야 연기에 집중할 수 있으므로 발음 장애를 반드시 극복해야 합니다. 마찬가지로 교수자들도 정확한 발음을 구사하게 되면 강의전달력에 대한 스트레스가 줄어들게 됩니다.

뒤에서부터 읽기 연습

다니입싸 에의수 자마자죽 고이싸 에보강 자마자낳 은람사. 다니합 께함 과람사 생평 로부피 의이제 은옷. 다니습믿 라거 할속영 은션패 로지가찬마 와재현, 거과 어불더 와구욕 인적미

의간인 은옷. 다니합 고다온 가대시업산 차사 등 스버타메, 대시이아이에, 대시봇로 제이. 다니입것 질라달 도경환션패 면오 가대시 운로새. 다니봅 로으것 될대확 이역영션패 로으션패 경환상가 서에션패 경환얼리 논로으앞.

모음 'ㅣ' 연습

'ㅣ'발음을 할 때는 입을 가로로 길게 쫙쫙 찢어줍니다. 아프다 싶을 때까지 당겨주어야 합니다. 양쪽 뺨 근육이 얼얼해지고 입술이 당기는 느낌이 들지 않으면 제대로 연습하는 게 아닙니다. 'ㅣ' 발음을 하며 스마일 표정을 짓습니다.

말끝 발음

말끝을 명확하게 발음해줍니다. 어미를 또렷하고 정확하게 발음해야 내용이 잘 전달됩니다. 어미 처리에 따라 말투도 달라지고 말의 전체적 분위기도 달라집니다. 말끝을 흐리게 하면 애매모호하고 자신감이 없어 보이고 전달력도 떨어집니다.

지치지 않는 발성방법

강의나 강좌를 지속적으로 1~3시간 동안 진행하다 보면 지치고 힘이 들기 마련입니다.

성문어택과 모음라인유지 발성을 활용하면 발성 할 때 발성 에너지를 효율적으로 사용하게 되어 긴 시간 동안 강의하더라도 목을 상하지 않게 보호하며 덜 지치게 할 수 있습니다. 마치 운전할 때 좋은 습관을 가지면 연비가 좋아지고 차를 오래 사용할 수 있는 것과 마찬가지로, 발성 시에도 에너지를 효율적으로 사용할 수 있습니다.

성문어택은 말이 귀에 쏙쏙 박히게 하고, 모음라인유지발성은 말을 부드럽게 해줍니다.

성문어택

성문어택이란 발성 마디에서 첫 음절을 종을 '땅' 쳐서 울리는 것처럼 발음하는 방법입니다. 첫 음절을 풍성하게 키우면 소리 울림이 생기고 발성 스피드가 생기기 때문입니다. 첫 음절을 울리지 않으면 소리를 밀어내듯 시작해야 하므로 에너지 소모가 큽니다. 성문어택은 말을 많이 사용하는 사람에게 적합한 방법입니다.

문장 앞에 강세를 주어 말해보기

저는~

안녕하세요. 반갑습니다. (영어권 사람이나 강호동을 연상하면서 발음)

나는 / 당신을 / 진정으로 / 사랑합니다

성문어택 연습 - 첫 음절 강조 / 띄어 읽기 (강호동을 연상하면서 발음함)

안녕하세요. 이번 학기 "의류소재의 이해" 과목을 강의하게 된 패션크리에이티브디렉션트랙 안 영 무 교수입니다.

패션디자인에서든 패션마케팅에서든 패션에서 소재가 가장 기본이라고 생각합니다. 소재가 없다면 옷 자체가 성립될 수 없으니까요.

성문어택 연습

안녕하세요. '의류소재의 이해' 과목을 담당한 / 패션크리에이티브디렉션트랙 교수 안 영 무 입니다. / 한 학기동안 이 수업의 미션은 동대문 원단상가 깨치기 입니다. / 수입품을 포함하여 전국에서 생산되는 원단은 / 동대문 원단상가로 모입니다. / 수많은 원단들은 그 스펙이 기호로 표시되어 있습니다. / 우리 학교는 원단을 공부하는데 가장 큰 장점을 가지고 있습니다. / 학교와 동대문은 직선거리 1.2킬로미터로 / 매우 가까워 원단상가는 우리의 연습장이 될 것입니다. / '모르면 암호, 알면 기호', / 자 이제 동대문 원단상가 암호 깨치러, 갑시다.

모음라인유지발성

말을 하는 중간에 말을 자주 끊으면 마치 운전할 때 브레이크와 엑셀을 너무 자주 바꿔 밟는 것 같이 에너지가 많이 소진됩니다. 따라서 강의를 마치고 나면 기력이 없어지는 이유지요.

자음은 소리의 색깔을 담당하고 있으며 극히 짧은 음만 터치합니다. 모음은 발음의 큰 기둥이 되며 소리는 모음에서 커집니다. 그러므로 말을 할 때 모음이 흐트러지지 않고 큰 기둥이 유지되도록 해야 합니다. 마치 클러치를 밟아도 엔진이 계속 돌아가듯 말입니다. 이렇게 하면 오랫동안 강의를 해도 크게 지치지 않습니다.

표 24. 자음, 모음 특성

자음	터치(극히 짧은 음)	소리 색깔 담당
모음	큰 기둥	음의 80% 비중 차지

다음의 모음라인유지발성 예문을 통해 연습해 봅니다. 이때, '-때문에' 다음에 말을 끊지 않고 계속 'ㅔ'모음을 계속 유지되도록 입을 벌리고 있습니다. '-합니다' 다음에도 피치가 떨어지지 않고 'ㅏ'모음이 그대로 유지되도록 입을 벌리고 있도록 합니다.

모음라인유지발성 연습

저의 과거를 기억해보면 신임교수시절 오렌지색, 자주색 재킷에 매일 빨주노초파남보 셔츠를 갈아입어 학교에서도 좀 유명했던 적이 있습니다. 교수 면바지 패션을 리드했고, 또 남자 패션의 완성은 수염이라고 수염을 트레이드마크로 한성대에서 수염패션을 선도한 적이 있습니다. 그러나 저는 유행을 막 쫓아다니는 성격이 아닌 것 같아 저의 패션 점수는 그리 높지는 않은 것 같습니다. 다만 패션에서도 개인의 자유의지가 중요하다고 생각합니다. 스티브잡스는 리바이스 청바지, 블랙 폴라 티에 뉴발란스 운동화 차림을 고집하였습니다. 아침마다 어떤 옷을 입을지 고민하는 것은 상당한 에너지 소모입니다. 그래서인지 잡스는 패션스타일도 정해 둔 것들만 입었습니다. 잡스는 항상 뇌의 에너지 소모를 최대한으로 줄이고 뇌를 효율적으로 사용하려 한 것 같습니다. 그런 점에서 보면 잡스처럼 편안함과 심플함이 저의 패션이 아닌가 합니다. 패션이란 사전적 의미로 유행이라는 뜻이므로 트렌드를 따라간다는 의미인데, 전 그 뜻을 넓게 해석하여 개성과 자유의지라는 의미를 크게 추가하고 싶습니다. 개개인의 패션은 '나는 이런 사람이요'라고 대변하는 것이라고 봅니다.

악상기호를 강의스피치에 접목

사람들의 목소리 변화폭을 나타내는 척도로 다이나믹의 첫 글자 D라는 단위를 붙여서 나타내봤습니다. 일반 대화는 1D 정도 수준이라고 본다면 성악이나 노래를 통한 표현은 무척이나 다이나믹하므로 3D 정도 수준이라고 볼 수 있습니다. 1D 수준의 대화에도 여러 가지 악상기호를 입히면 가수나 성악가의 대화처럼 느낌이 많이 달라질 것입니다. 마치 노래처럼 들리기도 할 것입니다. 이를 '노래하듯'이라는 의미로 칸타빌레라고 하는데, 이는 1.5D 정도의 다이나믹일 것으로 생각됩니다. 이렇게 칸타빌레 목소리를 갖게 되면 대화가 리드미컬하게 되어 청자는 오래 들어도 지루하지 않고 오히려 귀를 쫑긋 세우고 집중하게 될 것입니다. 훈련을 통해 목소리를 말랑말랑하게 해주면 스스로 스피치 지휘자가 되어 상황에 맞춰 다양한 소리를 낼 수 있게 될 것입니다.

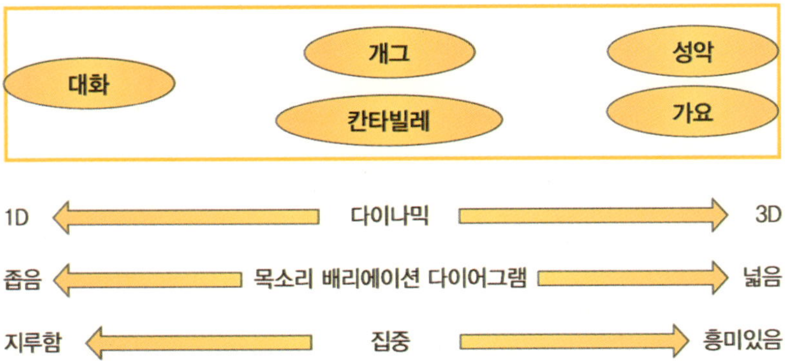

그림 53. 목소리 다이나믹

그림 54. 스피치 지휘자

악상기호를 강의 스피치에 접목해볼 수 있습니다.[32] 강의내용에 악상기호를 입혀 성량과 음높이, 셈여림, 빠르고 느리기, 침묵, 강조, 끊어 말하기 등 노래하듯 변주하여 전달하면 강의 집중도와 호응이 훨씬 더 좋아지는 것을 느낄 수 있을 것입니다.

포르테 - 피아노 (셈 여림)
크레센도 - 데크레센도 (점점 빠르게 점점 느리게)
템포 (빠르게 느리게)
리듬 (억양)
호흡 (쉼)
스타카토 (강조)
테누토 (소리를 길게 늘임)
수비토 파우제 (침묵)

그림 55. 악상기호

32) 김미경 (2010). 아트 스피치. 파주: 21세기북스.

8. 강의 전달력 향상

수업전달력을 향상시키기 위해서 무엇보다
주의를 집중시키는 일이 우선되어야 한다

강의 전달력 향상

수업전달력을 향상시키기 위해서 무엇보다 주의를 집중시키는 일이 우선되어야 합니다.

목소리의 크고 작음

높고

음의

낮음

속도의 빠르고 느~림~에

적절한 변화를 주어야 합니다.

목소리 다이나믹

강의할 때 목소리의 강약 조절, 템포 변화, 억양, 강세, 쉼 등을 적절하게 배분하여 다이나믹한 목소리로 주의를 환기하고 집중시킵니다.

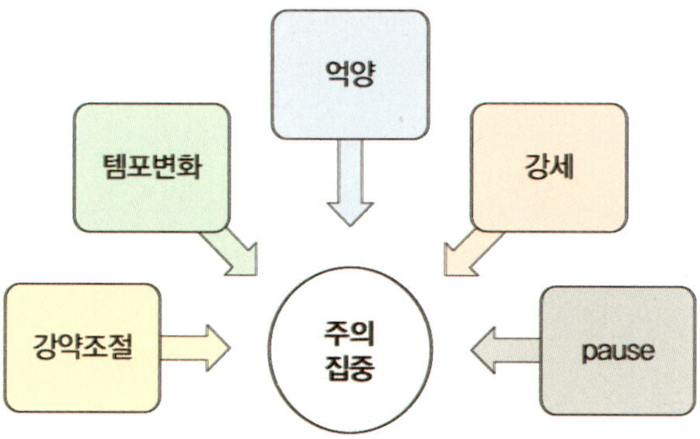

그림 56. 주의집중을 위한 목소리 요소

앞서 잠깐 언급했었던 목소리 다이나믹이란 강하게-부드럽게, 빠르게-느리게, 크게-작게, 높게-낮게의 정도에 따라 내는 소리라고 정의하겠습니다. 이 목소리 다이나믹의 변화폭이 크면 청중들의 주의를 집중하게 할 수 있고 이 변화폭이 작으면 목소리가 단조로워 청중의 집중력을 떨어뜨리고 지루함을 느끼게 합니다.

각각의 목소리 다이나믹을 종합한 결과를 한 눈에 알아보도록 시각적으로 풀이한 목소리 배리에이션 다이어그램이라는 개념을 만들어보았습니다. 목소리 배리에이션 다이어그램에서 보여주는 면적이 작으면 목소리가 단조로워 청중을 지루하게 만들고, 면적이 크면 목소리가 다이나믹하여 청중의 흥미를 끌고 집중할 수 있게 합니다.

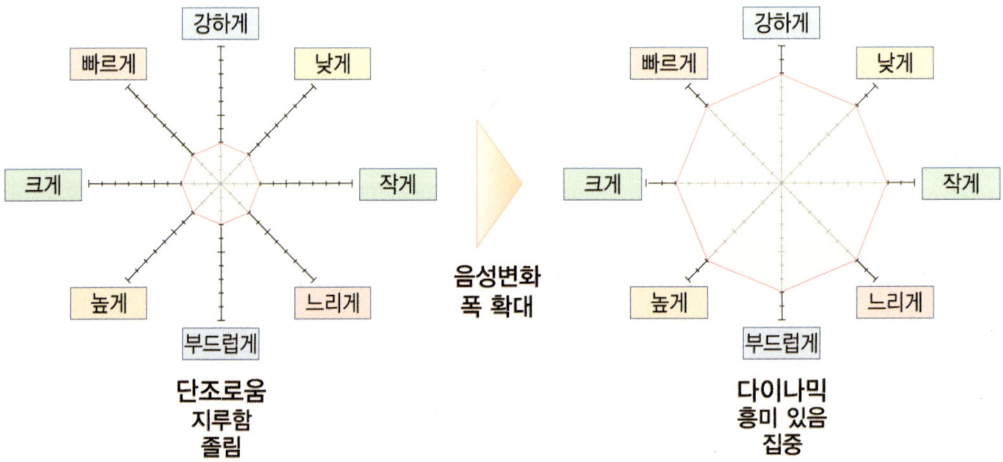

그림 57. 목소리 배리에이션 다이어그램

목소리 크기

교수자는 보통 학생 수나 공간의 크기에 맞춰 크거나 작은 목소리로 강의합니다. 큰 공간의 강의실에서 속삭이듯 이야기한다거나 소수의 인원이 참여하는 대화에서 지나치게 크게 소리치는 것은 적합하지 않습니다.

큰 목소리를 낼 때는 반드시 복식호흡을 기본으로 해야 하며, 특히 강의할 때는 강한 소리를 베이스로 하여 부드러운 소리로 연결시킬 줄 알아야 합니다. 연극 속삭임으로 가성대 훈련을 하면 성량의 폭이 넓어지고 풍부한 소리를 낼 수 있습니다.

성량은 1단계부터 10단계까지 나눌 수 있는데, 1단계는 혼잣말, 2에서 3단계는 대화, 3에서 5단계는 동영상 강의, 5에서 7단계는 대면강의, 5에서 10단계는 연극에서 하는데 연극에서는 혼잣말도 5단계로 합니다.

성우학원에서 실행한 단계별 성량발성 훈련을 소개하겠습니다.

죽여 버리겠어(혼잣말) - 죽여 버리겠어 - … - 죽여버리겠어 - 죽여 버릴거야(샤우팅)

위와 같은 말을 10단계로 구분해 목소리를 점차 크게 냅니다. 이런 훈련을 하면 성량 크기를 자유자재로 낼 수 있게 됩니다.

수업의 분위기가 너무 다운되었다고 느껴질 때 제 경우에는 이러한 단계적 성량 발성훈련법을 활용하여 분위기를 환기시키고 있습니다.

표 25. 단계적 성량발성

성량 단계	표현
1단계	속삭임, 혼잣말
2단계 ~ 3단계	대화
3단계 ~ 5단계	동영상 강의, 회의
5단계 ~ 7단계	대면강의, 연설, 설교
5단계 ~ 10단계	웅변, 연극

목소리 높이

학생들이 발표할 때, 때때로 너무 긴장한 나머지 지나치게 높은 소리를 내거나 반대로 너무 낮은 소리를 낼 때가 있습니다. 그럴경우 '도, 레, 미, 파'의 음계 중 '미'나 '파'에 해당하는 음높이에 맞추라고 이야기를 해주곤 합니다. '도'와 '레'의 음높이는 기분을 다운시키고 '솔'의 음높이는 '어서 오세요 고객님' 하는 식으로 명랑한 분위기를 이끌기에 적합합니다. 보통의 경우에는 '파'의 음높이 정도로 발표하는 것이 적당하다고 생각합니다.

표 26. 소리 높이와 상황

소리 높이	상황
솔	서비스업 종사자가 기분을 업 시킴
파	강의실 강의자, 발표자에게 적합
미	동영상 강의에 적합, 대담자에 적합
레	집중력을 떨어뜨림
도	기분이 다운됨(수면제 교수)

템포변화

말을 할 때 템포를 변화시키면 졸지 않게 합니다. 한 호흡에 인위적으로 빠르게 혹은 느리게 변화를 주어 이야기합니다.

아래 글을 속도에 변화를 주며 읽어봅시다.

> 오토바이 옆 사이드카에 여자친구를 태우고 남산 길을 달렸습니다. 시속 10킬로, 20킬로, 머리카락이 바람에 흩날려 기분이 좋습니다. 30킬로, 40킬로 속도감이 느껴지게 달리다보니 질주본능이 일어났습니다. 50킬로, 60킬로 점점 세게 달립니다. 70킬로, 80킬로, 90킬로, 100킬로, 남산 팔각정에 도착하여 여자친구를 돌아보니 기절했어요. 사이드카를 보니 밑이 빠져 있더군요. 여자친구는 열심히 달려온 거예요.

강약조절

의미에 따라 강하게 혹은 약하게 표현합니다. 배에 힘을 주는 방식으로 강약을 조절할 수 있습니다. 주의를 기울이고 집중을 유도하기 위해서는 조근조근한 목소리보다 성량은 크게, 소리는 낮게 말하는 방식으로 말합니다. 처음에는 이러한 강약조절도 다소 인위적으로 의식해서 연습해야 합니다.

우리가 지금 이 자리에 모인 것은! 목소리 공부를 하기 위해섭니다.

Pause

학생이 생각하며 들을 수 있게 적당한 곳에서 끊어서 말합니다.

총장 // 누가 될 것 같아.

우리가 여기 모인 것은 // 목소리 공부를 하기 위해서입니다.

억양

억양이란 목소리 높낮이가 이어져 만들어지는 말의 가락을 말하는데 어조라고도 합니다. 말에 가락을 넣으면 높은음과 낮은음이 끊어지지 않으므로 목에 부담과 자극을 주지 않습니다. 이렇게 말에 높낮이 변화를 주면 더 설득력이 생깁니다.

목소리 직진성

목소리에 직진성이 없으면 전달력이 떨어집니다. 말에 직진성이 생기기 위해서는 방향성과 목표점을 가져야 합니다. 학생들 발표 때 너무 긴장한 나머지 너무 큰 목소리를 내거나 속삭이듯 너무 작은 목소리를 내는 경우에는 강의실 내 학생들에게 목표점을 맞추라고 힌트를 줍니다. 목소리에 목표점이 정해지면 알맞은 성량으로 이야기할 수 있게 됩니다.

발음

입모양만 봐도 무슨 이야기를 하는지 상대방이 알아차릴 수 있게 명확한 발음을 해야 합니다.

학생 프리젠테이션 발성지도

학생들 중에도 발표에 대한 공포를 갖고 있는 경우가 있습니다. 그래서 수강신청 기간에 학생들에게서 수업시간에 발표를 하는지, 팀 활동이 있는지 등에 대한 질문을 많이 받기도 합니다. 어쩌다 수업에서 발표할 기회가 생기면 갑자기 속이 안좋다며 화장실을 들락날락하는 학생도 있습니다. 그런 학생을 보면 저의 대학시절이 떠오르곤 합니다. 저 역시도 스피치 동아리에서 진행하는 5분 스피치에 한 번도 나가지 못하고 등에서 식은땀만 흘렸던 때가 있었습니다. 그것만이 아닙니다. 교양영어 수업에는 교수님께서 읽기를 시키셨는데 내 순서가 되면 수업에 나가지 않기도 했습니다. 그래서 발표를 앞두고 있는 학생들의 긴장된 마음을 누구보다 잘 이해하고 있습니다. 그래서 학생들에게도 발표하는 내용에 못지 않게 발표시 태도와 발성에 대한 조언을 많이 해주곤 합니다.

전자교탁에 너무 붙어서 대본을 읽는 학생의 경우 교탁에서 몸을 떼고 바른자세를 유지하도록 이야기하고, 스크린만 바라보며 발표하는 학생에게는 청자들에게 시선을 두며 발표하도록 조언합니다.

음높이가 너무 낮아 다운되거나 반대로 음이 너무 높아 소리가 떠 있는 경우, 소리를 '미'나 '파' 음에 맞춰 말하면 자연스럽고 부드럽게 소리를 낼 수 있습니다. 또는 긴장하여 소리를 속삭이듯 작게 내는 학생에게는 청자에 말의 초점을 맞추고 집중하도록 이야기해주기도 합니다. 간혹 너무 큰 목소리로 발표하는 학생들도 있는데 그런 경우에는 오히려 목을 지나치게 사용해서 목이 상할까 걱정에 소리를 적당한 수준으로 조절하도록 잔소리하기도 하죠.

이렇게 학생들이 발표하는 태도나 목소리에 집중해 단점들을 조언하다보면 시간이 지날수록 발표 당사자는 물론 그것을 지켜보던 다른 학생들도 함께 나아지는 것을 느낄 수 있습니다.

목소리, 그 다음은 스피치의 기술

많은 사람들이 말을 잘하기 위해 가장 먼저 떠올리는 것이 스피치 능력입니다. 하지만 저는 스피치 기술은 목소리 훈련 다음에 오는 것이라고 생각합니다. 아무리 말하는 재주가 좋다고 하더라도 그것을 전달하는 도구인 목소리가 좋지 않으면 효과가 반감되기 때문입니다.

훈련을 통해 건강한 목소리를 가졌다면, 이제, 강의전달은 메시지 내용을 음성언어에 싣고 동시에 동작언어라는 보조적인 언어를 사용해야 합니다.

따라서 훌륭한 스피치 능력을 키우기 위해 다음 3가지를 일치시키는 일이 중요합니다.

Verbal(메시지 내용) - 말이 전달하는 내용으로 전문적 지식이나 신뢰성

Vocal(음성언어) - 발음, 목소리의 크기, 말의 속도, 끊어 말하기, 목소리의 강약, 목소리의 높낮이, 목소리 톤 등

Visual(동작언어) - 복장, 시선, 표정, 입모양, 손가락, 손짓, 몸짓, 소품, 도구, 행동, 영상 등

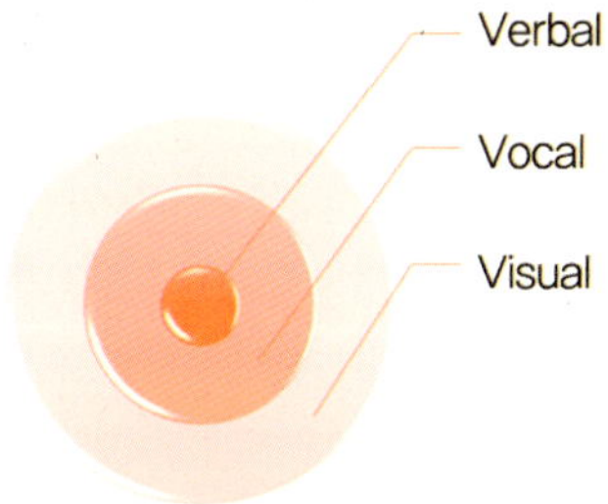

그림 58. 3V

동작언어

우리나라를 비롯한 동양권의 국가에선 동작언어를 적극적으로 사용하지 않는 경향이 있습니다. 그러나 강의할 때는 과장되다 느껴질 정도의 제스처가 필요합니다. 특히 지루해질 수 있는 순간에 제스처를 적극적으로 사용해 학습자에게 어필하는 것은 큰 효과가 있습니다. 이때 Look - Smile - Talk으로 이어지는 연결방법을 사용하는 것이 좋습니다. 시선의 처리는 마치 1:1로 대화하듯 하고 시선의 움직임은 최대한 자연스럽게 청중을 향하여 지그재그로 눈과 몸을 함께 움직입니다.

표 27. 동작언어의 활용

표현	활용
감정	표정
위치, 방향	시선, 손짓
수	손가락
모양	손짓
복잡한 메시지	소품이나 영상

동작언어가 효과적이라고 하지만 지나친 경우 혹은 옳지 않은 방법은 오히려 역효과를 일으키므로 하면 좋은 동작과 하지 않아야 할 동작을 표 28과 같이 정리해 보았습니다.

표 28. 몸동작의 Do's와 Don'ts

Do's	Don'ts
• 밝은 표정 • 적절한 손위치 • 자리의 이동(공간의 활용)	• 경직된 표정 • 팔짱끼기/뒷짐지기, 주머니 손넣기 • 습관적인 움직임 • 원고만 보고 읽기

스피치의 교과서라고 불리는 오바마는 언어 메시지에 적절한 몸짓언어를 덧붙여 메시지 전달의 최대 효과를 거두는 것으로 유명합니다. 그의 스피치 연설은 최고의 연설로 꼽히며 많은 사람들이 그를 따라하려고 노력하기도 합니다. 교수자들 역시 그의 손동작, 눈빛, 시선, 표정, 허리, 어깨, 상체, 가슴 등의 몸짓을 보며 어떤 식으로 활용하여 표현하고 있는지 흉내 내어보는 것도 좋을 것 같습니다.

그림 59. 스피치의 교과서 오바마

비대면 동영상 강의의 주의할 점

우리가 기존에 해왔던 대면강의의 경우 교수자의 얼굴과 입모양, 제스처 등이 드러나므로 발음에 조금 문제가 있거나 말을 이용한 전달에 조금 한계가 있더라도 학생들은 전후 상황을 짐작하여 내용을 이해할 수 있습니다.

팬데믹 이후 비대면 강의가 활성화되었습니다. 대면 강의에 비해 온라인을 활용한 강의에도 많은 장점이 있습니다. 특히 학습자의 입장에선 장소나 시간에 구애

받지 않고 언제든 원하는 때에 강의를 들을 수 있다는 것이 매력적인 요소로 작용합니다. 때문에 팬데믹 상황이 종식되더라도 비대면으로 진행하는 강의의 수요가 없어지지는 않을 것 같습니다.[33]

동영상 강의 시 몇 가지 신경을 써야 할 부분들이 있습니다. 동영상에서의 음성은 정확하게 알아듣기 어려울 수가 있습니다. 교수자의 발음이 분명치 않은 경우가 그러합니다. 따라서 올바른 발성으로 정확하게 또박또박 발음하는 것이 꼭 필요합니다.

음성은 마이크에 의존하게 되므로 음량에 대해 소홀할 수가 있으나 마이크를 사용하더라도 전달력 향상을 위해 음성의 고저강약을 적절하게 활용하여야 합니다.

비대면강의는 대면강의와 마찬가지로 목소리 자체에서 전달되는 에너지의 영향력이 크기 때문에 건강한 목소리를 내기 위한 관리는 필수적이라 할 수 있습니다. 건강한 목소리로 진행되는 강의가 전달력이 훨씬 우수한 것은 말할 필요도 없겠지요.

---

33) 신재흡 (2019). 21세기 스마트시대의 교사 양성을 위한 교육방법 및 교육공학. 서울: 동문사.

9. 목소리 관련 강의평가

강의평가는 학생과 교수자 사이에서
커뮤니케이션의 수단으로 중요한 의미를 가진다

9 목소리 관련 강의평가

이 장에서는 교수자와 학생 간의 교육학적인 관점에서의 관계, 나의 강의생활, 목소리와 관련된 저자의 다양한 경험 등을 소개하고, 학생 강의평가 중 목소리에 관련된 내용을 소개합니다.

자기 개념을 가진다

교수자 스스로가 자신에 대해 어떤 자기 개념을 가지느냐에 따라 학생들을 대하는 태도와 가르치는 방법이 정해진다고 합니다.[34] 미국의 교육 심리학자들이 연구한 바에 따르면 교사들이 가지고 있는 가장 흔한 자기 개념 7가지는 다음과 같습니다.

교수자의 자기 개념 7가지

- 전문가
- 장군
- 회사 사장
- 코치
- 관광 안내자
- 소크라테스
- 회의 진행자

34) 조벽 (2004). 나는 대한민국의 교사다. 서울: 해냄.

물론 자기 개념이란 대개 무의식적으로 지니고 있어 교수자가 항상 의도적으로 이와 같은 행동을 한다는 뜻은 아닙니다. 그러나 교수자의 행동을 객관적으로 살펴보면 이러한 유형의 행동 양식을 찾아볼 수 있다는 것입니다.

교수자가 가지고 있는 자기 개념은 본인도 모르는 사이에 학생들과의 관계를 결정짓는 행동으로 나타나기도 합니다. 예를 들어, 자신을 장군이라고 여기는 교수자는 학생들을 자신의 사병들처럼 대할 것이고 질서를 잡겠다는 이유로 지나친 행동을 할 수도 있을 것입니다.

일반적인 자기 개념도 중요하지만 교수자 스스로가 학생과의 관계를 어떻게 의식하는가도 매우 중요합니다. 대다수의 교수자는 학생과의 관계를 다음과 같은 식으로 의식하지 않는다고 말할지도 모르지만 교수자의 행동패턴에서 이런 면들을 찾아볼 수 있습니다. 잠시 책에서 손을 놓으시고 교수님 자신과 학생과의 관계를 이미지로 떠올려 보십시오. 어떤 모습이 그려지십니까?

교수자와 학생 사이의 관계는 (   )와 (   )의 관계이다.

장군	병사
코치	팀
부모	자식
판매원	고객
조각가	나무토막
화가	캔버스
프로그래머	컴퓨터 디스크
피아니스트	건반
불	초
정원사	꽃밭

교수자의 자기 개념과 교수자-학생간 관계 설정에 따라 교수자는 다음의 7가지 역할을 담당하게 될 것입니다.

교수자의 다양한 역할

- 수업설계자
- 안내자
- 조력자
- 동기유발자
- 의사소통자
- 중재자
- 촉진자

교수-학생 간 호칭

대학에 부임 후 첫 수업을 들어갔을 때 생각이 납니다. 중학교부터 대학원까지 남학생들 사이에서 생활해왔던 저는 강의실에 들어섰을 때 깜짝 놀라고 말았습니다. 강의실을 채우고 있던 학생 중 남학생은 단 한 명뿐이었습니다. 이전까지 전혀 경험해 본 적 없던 모습이었죠. 저로서는 컬러와 향기의 낯선 환경에서 얼떨떨한 기분으로 어떻게 강의를 마쳤는지조차 모를 지경이었습니다. 학생들이기는 했지만 젊은 여성에 대한 호칭을 어찌하면 좋을지 몰라 한 학생을 '홍은주~씨'라고 불러 어색하고 민망했던 기억이 남아있습니다. 어떤 집단에서도 그렇겠지만 특히 교수-학생 간의 호칭은 관계 설정의 중요한 요소가 됩니다.

위에서 설명했듯 교수자가 어떤 역할을 담당하는지에 따라 학생을 부르는 호칭도 달라지게 될 것입니다.

교수-학생 간 호칭

성과 이름을 부름	: 사무적인 관계
이름만 부름	: 친근한 관계
~야, ~아	: 매우 친근한 관계
~씨	: 친근감 없음
~군, ~양	: ~씨와 같은 의미, 일본어 영향을 받음

교수-학생 간 관계에서 호칭이 설정되면 그에 따른 말끝도 자연스럽게 달라집니다. 말 끝에 따라 존대, 평어, 하대, 명령의 의미가 있으며, 이는 교수-학생 관계에 많은 영향을 미치게 됩니다.

예를 들어, 너무 하대하듯 말할 때는 학생들도 하나의 인격적인 존재로서 대우받지 못하고 있다는 인상을 받게 되겠죠. 그러한 관계에서 교수-학생간의 지식 전달과 학습이 원활하게 진행될지는 생각해 봐야 할 문제일 것입니다.

말 끝에 따른 느낌

~냐 : 강하고 거친 느낌 반면 장난스러운 느낌
~니 : 부드럽고 친절한 느낌을 줌
~하렴, ~하려무나 : 부드럽게 가르치는 어르신 같은 느낌
~네 : 부드러운 느낌
~군 : 강하고 거친 느낌
~ㅂ니다 : 사무적
~요 : 존댓말
~십시오 : '~니다'처럼 무뚝뚝한 표현
~라, ~다 : 하댓말
~단다, ~란다 : 가르치는 어르신
~거든 : 가르쳐 주는 느낌

교수자의 복장

한 학생과의 면담에서 들었던 이야기를 들려드리겠습니다.

이 학생은 패션에 관심이 많아 패션학과에 입학한 학생이었는데, 대학교 교수님들의 옷은 다른 사람들과는 다른 스타일을 가질 것이라고 기대했다고 합니다. 그러나 수업을 들어가 교수님들의 옷을 보니 동네 가게 아저씨들이 입는 수준과 비슷하여 크게 실망했다고 합니다. 옷을 제대로 입지 못한다면 지식도 얕을 것이고 배울 점도 별로 없을 것 같다는 생각이 든다고 했습니다.

교수자의 옷은 학생들에 대한 신뢰와 밀접한 관련이 있다는 생각이 듭니다. 그러

므로 친밀감을 유지하되 신뢰감을 줄 수 있는 수준에서 깔끔한 복장을 하는 것이 좋다고 생각합니다. 너무 포멀하지도 지나치게 캐주얼하지도 않은 정도에서 신경 써서 입는 것이 좋겠죠.

얼굴표정

얼굴표정은 당연하게 들리겠지만 미소를 띤 자연스럽고 부드러운 표정이 좋습니다. 아무런 감정이 드러나지 않는 포커페이스는 오히려 강의에 도움이 되지 않는다는 연구보고가 있습니다.[35)]

나의 강의생활

제가 교수가 되어 초창기 대학 강단에 설 때마다 가장 크게 느꼈던 점은 '어째서 교수들을 위한 교수법은 없는 것일까?' 라는 의문이었습니다. 유치원부터 초·중·고 교사들은 교육학 과정을 이수하는데 반해 교수는 전공분야의 학위를 받으면 바로 강단에 설 수 있습니다.

지금은 물론 상황이 달라져서 대학교육협의회에서 방학 중 교수법 강의를 개설하여 운영하고 있으며, 각 대학에서도 교수학습센터와 같은 교수법 지원부서가 있어 교수자를 위한 교수법 및 학습법 향상을 위한 지원을 하고 있습니다. 저 역시도 강의 컨설팅의 효과에 대한 궁금함에 컨설팅을 받았던 적이 있습니다. 결과지를 받아보니 명의가 환자의 병명을 진단하고 처방을 내리는 것처럼 전문가 의견서를 통해 나의 강의 문제점과 개선점을 설득력있게 제시해 주어 많은 참고가 되었습니다. 이때 인상 깊었던 조언 중 하나는 "내가 가르치는 것이 중요한가? 학생들이 배우는 것이 중요한가?"라는 전제였습니다.

이와 같은 교수법개발 과정들이 더욱 다양하게 개설되어 보다 많은 교수자들이

---

35) 조벽 (2006). 조벽 교수의 명강의 : 노하우 & 노와이. 조벽, 서울: 해냄.

도움을 주고받을 수 있으면 좋겠다는 생각입니다.

교수들 사이에서 야간 수업은 밤무대라는 은어로 불리기도 합니다. 제가 강의하는 한성대학교에는 야간과정도 있어서 주간 강의와 똑같이 운영되고 있습니다. 우리가 야간 강의를 밤무대라 표현하는 것은 나쁜 뜻에서가 아니라 학생이라는 청중을 두고 교수는 강단을 무대로 한 한 사람의 연기자라는 의미에서 말하는 것입니다. 교수는 컨텐츠를 가장 효과적으로 전달하고 청중인 학생들에게 감동을 주어 학습에 대한 동기를 부여해주는 연기자가 되어야 한다는 의미입니다. 수업을 무대 위에 오른다는 생각으로 연기하듯 열정적으로 진행하면 학생들도 그에 화답하여 늦은 시간에도 피곤하지 않게 집중할 수 있게 됩니다.

강의는 연구, 봉사, 산학협력과 더불어 교수의 4가지 책무 중 하나입니다. 각각의 책무가 모두 보람이 있지만 저는 4가지 중 학생들과 교류하며 학생 개인의 역량을 키우고 있다는 것을 직접적으로 느낄 수 있는 강의에서 가장 큰 보람을 느낍니다. 하지만 이렇게 보람을 느끼는 일이라도 몇 십 년 긴 시간 동안 반복하다보면 자칫 매너리즘에 빠질 때도 있습니다. 그런 때에 슬럼프를 극복하고자 나 자신에게 표창장을 만들어 연구실 벽에 걸어 놓으며 초심을 잊지 말자는 다짐을 되새기기도 했습니다.

임 명 장

교수 안 영 무

귀하를 9년 계약 신임교수로
임명함.

계약기간 : 2014년 9월 1일 ~2023년 8월 31일

2014년 9월 25일

한성대학교 대표교수 안 영 무

그림 60. 나에게 주는 임명장

수면제 교수님은 싫어요

학생들 사이에서도 교수들에 대한 별명을 지어 부르는 경우가 있습니다. 교수들마다의 특징적인 면들을 별칭으로 짓는 것일텐데 개인적으로 수면제 교수라는 별칭만큼은 피하고 싶습니다. 말 그대로 그 교수의 수업이 잠이 올 정도로 졸리고 지루하다는 뜻일건데 교수 입장에선 억울한 별명인 것 같습니다. 학생들에게 한 가지라도 더 알려주기 위해 강의하지 않는 시간에 얼마나 철저히 준비하고 연구하는지 교수들의 사정을 알기나 할까 하는 마음이 들기도 합니다. 학생들에게서 수면제 교수라는 별명을 얻지 않기 위해선 강의내용의 퀄리티는 말할 것도 없지만 그것을 전달하는 목소리의 중요성과 말하기의 기술도 필요하다고 생각합니다.

그림 61. 수면제 교수님

목소리와 관련된 다양한 경험

제가 한성대 교수로 입학하여 첫 학기를 보낸 후 가장 먼저 한 일은 스피치 학원에 등록하는 것이었습니다. 스피치 학원의 교육 커리큘럼이 강의하는 데 많은 도움이 되었기에 일부 공유합니다.

표 29. 스피치 학원 교육 커리큘럼

과정	주제	목적	실행
기초	스피치 입문	자신의 장단점 분석	자기소개
	스피치는 자신감	발표 트라우마 극복	발표불안요인 분석
	목소리가 경쟁력	자기 스타일의 음성언어와 몸짓언어	스토리 건배사로 목소리 진단
	논리의 구조화	간결하고 핵심있는 대화	상황별 인사말
심화	중급 스피치	토의 및 토론 스피치	마인드맵 활용 3분 스피치
	설득 및 공감	대화 전개 스토리텔링	개인발표
	자유롭게 말하기	유머와 임기응변 스피치	인터뷰 스피치

3분 스피치

한성대에서는 트랙제도라는 것을 운영하고 있습니다. 트랙제는 입학 때 학과를 정하는 것이 아니라 1학년 때는 본인 적성 등을 탐색하고 2학년이 되어서야 트랙을 선택하는 제도입니다. 1학년 동안 자기 진로를 고민하며 안전하게 전공을 선택하는 이점이 있는 반면, 학과에 대한 소속감이 떨어지게 된다는 부작용도 있습니다. 그래서 그 단점을 보완하기 위해 1학년 학생들을 대상으로 교수-학생 간의 팀 상담제도를 운영하고 있습니다.

학기당 지정된 요일에 라이프디자인이라는 시간을 정해 학기 당 15시간 이상 팀 활동을 하며 학생의 트랙적응 및 역량개발을 지도하도록 하고 있습니다. 그럼으로써 교수-학생 및 학생들간의 친밀감을 형성하고 인적 네트워크를 구축하여 생활/심리, 학업, 진로 등 각 영역에서 학생들의 어려움을 파악하고 해결하려는데 목적이 있습니다.

라이프디자인 시간에 저는 스피치 학원에서 배웠던 3분 스피치를 활용하여 학생들에게 발표하는 법, 바르게 소리내는 법, 효과적인 표현법 등을 소개하고 지도해 주고 있습니다. 학생들에게 적용한 3분 스피치 주제는 다음과 같습니다.

3분 스피치 주제

자기 소개와 목소리 훈련에 대한 포부를 밝혀주십시오
가장 기억에 남는 여행은 무엇인지요
나에게 소중한 보물은 무엇인지요
10년 후 나에게 쓰는 편지
최근에 가장 재미있게 본 영화(드라마, 책)는 무엇인지요
다시 만나보고 싶은 사람은 누구인가요
내 인생의 목표는 무엇인가요
내 생애 최고의 순간은 무엇인가요
5년 뒤 나의 모습은 어떤 모습일까요
앞으로 3일밖에 살지 못한다면 지금 당장 하고싶은 일은 무엇인가요
무인도에 가져갈 3가지는 무엇인가요
가장 자신 있는 요리는 무엇인가요
나의 장점과 단점은 무엇인가요
내가 생각하는 나의 매력은 무엇인가요
다른 사람이 보는 나의 모습은 무엇일까요
지금 바로 단 한 가지 소원을 이룰 수 있다면 어떤 소원을 빌까요
사랑할 때 주의 할 것은 무엇인가요
말실수를 했던 경험은 무엇인가요
내 인생을 바꿨던, 나를 변화시킨 한마디의 말은 무엇인가요
성형수술 한다면 하고 싶은 부위는 어디인가요
내 얼굴에서 가장 매력적인 부분은 어디인가요
여자라서 가장 행복을 느낄 때는 언제인가요
여자라서 가장 불편을 느낄 때는 언제인가요
내가 생각하는 부러운 사람은 누구인가요
한국 교육에 대한 개선점은 무엇인가요
20대에 경험해야 할 가장 중요한 3가지는 무엇인가요
생일 날 받고 싶은 선물은 무엇인가요
사랑받는 여자가 되려면 어떻게 해야 될까요
사랑하는 사람에게 꼭 해주고 싶은 것은 무엇인가요
내가 살면서 용기를 냈던 경험은 무엇인가요
나의 결혼 상대자를 부모님이 반대하신다면 어떻게 설득할 것입니까
나의 취미생활은 무엇인가요

스피치 학원의 커리큘럼만큼 KBS에서 아나운서 교육받을 때의 커리큘럼도 목소리 훈련과 말하기 기술을 향상시키는데 많은 도움이 되었습니다. 아나운서 교육 커리큘럼은 아래와 같습니다.

표 30. 아나운서 교육 커리큘럼

훈련 구분	교육 내용	교육자료
발성기초 훈련	호흡과 발성	방송인의 발성
	표준발음	방송언어와 표준어
	음성언어의 특성	방송언어와 실제
	구어체와 문어체의 차이	방송언어의 특성
낭독훈련	문장의 의미를 이해하며 읽기	뉴스 기사 낭독
	뜻을 정확하게 전달하기	일기예보 기사 낭독
	구두점과 띄어 읽기	뉴스 기사 낭독
	말하듯 읽기	내레이션의 기법과 실제
음성과 스피치	본인의 음성과 스피치 점검	3분 스피치 동영상 촬영

목소리에 대한 관심을 가지고 여러 가지 배움의 과정을 겪어왔지만 개인적으로 가장 큰 효과를 보았고 즐겁게 활동하고 있는 분야는 바로 합창활동입니다.

세게, 여리게, 느리게, 빠르게, 멈춤 등 많은 악상 부호들로 이루어진 악보를 보고 노래를 부르다보면 목으로 낼 수 있는 다양하고 많은 소리를 내는 경험을 할 수 있습니다. 이러한 경험들이 강의할 때도 적용되어 내용의 강조, 템포, 쉼 등이 적절히 사용되어 집중력있는 강의를 만들고 있다고 생각합니다. 만족스럽게 강의를 마치고 나오는 날에는 스스로가 강의내용을 작곡하여 지휘까지 완벽하게 해낸 음악가가 된 듯한 느낌을 느끼곤 했습니다.

합창활동과 관련하여 기억나는 한 가지 에피소드를 소개할까 합니다. 이제 막 입단한 신입단원 시절의 일입니다. 합창단에 입단한 지 불과 한 달 반 만에 음악인에게는 꿈의 무대인 예술의 전당에서 무대 연주가 잡혔던 것입니다. 입단 전까지 한 번도 남들 앞에서 노래를 부른 적도 없었고 악보를 제대로 본 적도 없었기 때문에 당시 느꼈던 긴장감은 말로 다 할 수 없을 정도였습니다. 연습 때마다 녹음을 하고 틈틈이 녹음을 들으면서 악보를 분석하는 등 나름 철저한 준비를 했습니다. 심지어 자다가 깨면 밤을 꼬박 새우면서까지 악보를 공부했습니다. 그러다 결국 탈이 나고 말았는데 실습 시간에 학생들 사이를 걸으며 방향을 틀었는데 의식은 말짱한데 몸이 말을 안들어 한 여학생을 덮치는 사건이 일어나게 된 것입니다. 당시에는 모두 놀란 것은 물론이고 뇌에 이상이라도 생긴 것이 아닌가 걱정했으나 다행히도 수면 부족으로 인해 균형신경이 마비되어 일시적으로 일어난 해프닝으로 마무리되었습니다.

목소리에 대한 학생 강의평가

강의평가는 강의에 대한 학생들의 피드백입니다. 학생들의 의견을 청취하여 학생들에게 전달한 강의가 어떻게 반영되고 있는가를 알아보는 것입니다.

숭실대학교는 학생들의 강의평가 조사에서 주관적 항목의 의견을 모아 정리하여 교무처에서 "교수를 위한 학생들의 수다"라는 책[36]을 발행했는데, 이 책에서 목소리 부분만 발췌하여 정리해서 소개합니다. 교수자들이 읽기에는 참으로 뼈 때리는 내용입니다만 목소리의 중요성을 전하기 위해 소개합니다.

똑같은 목소리 톤은 졸려요

교수님 목소리 톤이 일정해서 강의시간 때 조금 졸렸다. 하지만 졸음을 이기고 수업에 몰입하면 훨씬 좋은 수업이라는 걸 깨달을 수 있다.

교수님의 발음이 부정확해서 말씀을 알아듣는데 어려움이 많았습니다. 그래서 되물으면 약간 짜증을 내십니다. 또한 학생들이 의견을 말하는데 본인의 생각과 다를 시에 도중에 말을 끊습니다.

졸립니다. 좀 더 다채로운 억양과 열정적인 목소리로 힘있게 강의하실 수 없을까요.

처음부터 끝까지 같은 톤의 목소리로 진행되는 느릿한 강의…

알아들을 수가 없어.

---

36) 숭실대학교 교무처 (2009). 교수를 위한 학생들의 수다. 서울: 두리미디어.

교수님 말투 때문에 집중이 안돼요

교수님의 말투가 거슬린다. 우리는 대학생인데 교수님의 어투는 꼬마유치원생을 대하는 말투이다. 이곳은 대학교이지 어린이 유치원이 아니다. 우리들은 교수님이 얘기해준 것은 바로 알아들을 수 있다. 어린애 대하는 듯한 말투는 너무 느리적거렸고 짜증났다.

교수가 너무 건성 건성이다. 교수라면 발음도 정확하고 말 전달도 잘돼야 하는데 완전 약 장사 같은 말투. 너무 빠르고 조그맣게 말하고 끝말은 다 흐리고…

교수님의 열의는 높았으나 의사전달 방법이 약간 부족하다고 생각되었습니다. 말이 너무 빠르고 서울말을 쓰셔야 한다는 부담감이 있으셨는지 사투리와 서울말이 부적절하게 섞여, 의사전달이 매끄럽지 않은 듯 보였습니다.

교수님, 외계어 하십니까?

말 좀 크게 하세요

말 좀 크게 하세요. 공주님 아니시잖아요. 수업 진행 힘드신 거 알지만 그렇게 티 내는 건 아닌 것 같네요. 마이크 소리를 아무리 키워도 소리가 안 들리니 참 불편하네요.

교수님 목소리가 너무 작아서 귀 기울여 들어야만 잘 들리는… 다행히 주위가 조용하여 듣는 덴 큰 무리는 없었다.

교수님 목소리가 너무 작아서 마이크를 권해드렸는데, 자기는 마이크 체질이 아니라니…
마이크를 쓰셨다면 좀 더 학생들이 집중하지 않았을까요?

무미건조한 수업

학생을 조롱하는 듯 한 제스처와 말투가 심히 강의 중 거슬렸다.

너무 딱딱하게 강의 하시는 것 같았습니다. 좀 더 학생들과 커뮤니케이션이 활발하게 이루어져야 좀 더 집중도 있는 강의가 될 것 같네요.

담부턴 중간중간 좀 쉬엄쉬엄해요~ 아니면 좀 일찍 끝내주시던가.

수업내용과 유머가 분간도 되지 않는데 웃으라고 억지로 강요하고, 사람들 많은 데서 굳이 이름까지 지적해가면서 뭐라고 하시는 건 인신공격이 아니고 뭡니까?

교수님은 활기찬 말투와 재치있는 입담이 필요할 것 같음

기타

교수님 말끝마다 계속 확인을 요하시는데, 학생들도 다 알아서 듣고 있습니다. 그냥 그럭저럭 넘어가면 안 됩니까? 집중하는데 계속 대답해야 하는 것도 솔직히 귀찮습니다.

교수님 - 말씀하실 때 한 번만 얘기해도 되는 것은 굳이 반복 하시지 않으셔도 된답니다.

머릿속으로 쏙쏙 들어오는 목소리!

교수님의 목소리가 매력적이었다.

나긋나긋하신 목소리 정말 듣기 좋았습니다. 머리에 쏙쏙 들어 왔습니다.

학생들과 1대1로 대화하듯이 수업하니까 정감 있게 느껴지고, 집중도 잘 되었던 것 같다.

교수님 말투가 재미있어서 수업 시간이 지루하지 않았습니다.

1년 동안 교수님의 강의를 들으면서 정말 매 시간 마다 감동이었습니다. 어려운 개념들을 잘 이해할 수 있게 설명해 주시고, 가끔씩 폭소를 터뜨리게 하시는 유머까지 교수님 정말 너무 감사드려요. ♡교수님 사랑합니다..♡

수업 중간 중간에 목소리를 크게 내셔서 조는 학생들을 배려(?)해주셔서 고맙습니다.

우선, 설명을 해 주실 때 재미있고 흥미를 가질 수 있도록 목소리 톤이나 제스쳐를 수업 시 과장해서 집중할 수 있도록 노력해주셔서 좋았습니다.

이 마지막 부분은 제가 목소리 연구를 통해 강의가 개선된 뒤 받았던 평가내용인데요. 저 역시도 초창기 강의에서 학생들로부터 부정적인 평가를 받아본 경험이 있었던지라 학생들이 저의 강의 개선을 위한 노력을 알아주는 것 같아 뿌듯했습니다.

10. 목 관리

평소 목을 잘 관리하는 것만으로도
목을 다치지 않고 건강한 목소리를 낼 수 있다

10 목 관리

성대를 구성하는 섬세한 진동조직, 근육, 점막은 중년의 관절만큼 손상되기 쉽습니다. 목을 연장으로 사용하는 교수자가 목을 잘 관리하는 것은 병사가 총기수입[37]을 하고 목수가 연장을 다듬는 것처럼 매우 중요한 일입니다. 따라서 목을 연장으로 살아가는 교수자는 자신의 목을 잘 관리하는 것이 무엇보다 중요합니다.

강의를 한다는 것은 육체적인 일임과 동시에 심리적인 일입니다. 스트레스는 발성기관을 공격하고, 근육을 긴장시켜 호흡을 부자연스럽게 만들고, 목구멍을 좁아지게 하고, 혀와 입술을 마비시키기도 합니다. 강의할 때 우리는 복부, 고관절, 어깨 등 몸 전체를 사용하게 되는데 목이 다치게 되면 소리를 내는 신체의 다른 부분들이 더 열심히 움직이게 되어 훨씬 더 큰 피로감을 느끼게 됩니다. 이럴 때 후두마사지와 목 근육 스트레칭을 통해 긴장된 목을 풀어주면 성대 주변의 근육이 이완되어 목을 빠르게 회복시킬 수 있습니다. 평상시 목을 잘 관리하면 목을 다치지 않고 건강하게 유지할 수 있습니다.

목소리 킬러

위산 역류증은 위산 또는 위 내용물이 식도를 타고 목까지 올라가 목을 자극하여 다양한 증상을 유발하는 질환입니다. 이는 위산 역류성 인후염을 유발하여 목에 치명적인 영향을 미칩니다. 위식도 괄약근을 약화시키는 다양한 음식과 습관들은 위식도 역류를 일으킬 수 있습니다. 즉, 지방이 많은 음식, 매운 음식과 같은 자극적인 음식, 카페인 음료, 탄산음료, 음주, 흡연, 과식, 야식 등이 그것입니다.

---

37) 총기수입은 군대용어로 총기사고를 예방하기 위해 총기를 항상 깨끗하게 손질하는 것을 말함

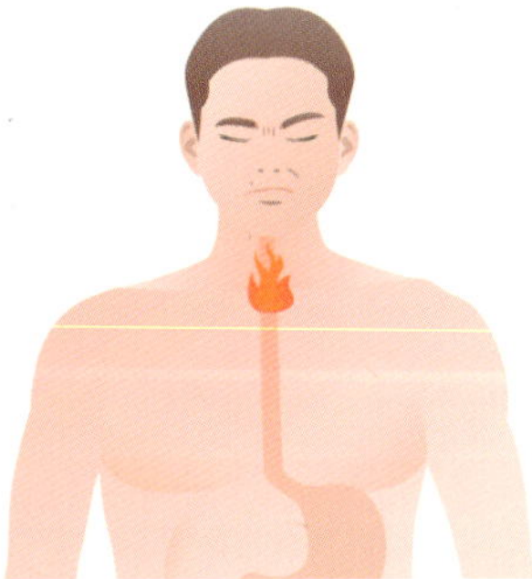

그림 62. 목에 치명적인 위산 역류증

위산 역류성 인후염의 증상

- 쉰 목소리
- 다량의 가래
- 목에 뭔가 걸린 듯한 느낌
- 음~음~하면서 계속 헛기침을 함
- 목소리가 쉽게 잠기고 피로함
- 목소리가 자주 끊김
- 목이 쓰리듯 아픔
- 만성 기침

그림 63. 음식, 목소리 킬러

습관성 담배

줄담배를 피는 사람은 대개 음성이 맑지 않고 굵고 딱딱한 소리를 냅니다. 흡연가의 성대를 후두 내시경으로 보면 백색으로 보여야 할 성대가 핑크색으로 보이며 부어 있습니다. 이것은 경한 염증이 있다는 신호입니다. 염증으로 인해 인후 부분이 빨갛게 충혈되어 있고 표면에서 많은 점액이 나와 기침을 자주 하며 이물감을 느끼게 됩니다. 장기 흡연자는 성대가 섬유화 되어있는 경우가 많습니다.

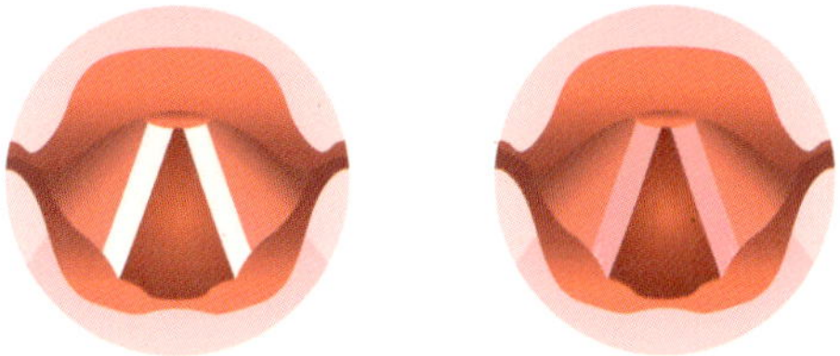

그림 64. 정상성대(좌)와 충혈성대(우)

습관성 술

애주가는 후두연골의 탄력성이 떨어지게 되고 점막이 부어서 목소리가 낮아지는 경향이 있습니다. 후두 내시경으로 성대를 보면 한 잔이라도 술을 마시게 되면 성대가 빨갛게 부어오르며 인후 부분에 점액의 분비가 감소되어 성대가 건조해지는 것을 볼 수 있습니다.

기호식품

커피와 같은 카페인 음료는 신체에 이뇨작용을 일으켜 성대를 건조하게 하여 매끄럽게 소리내는 것을 방해합니다.

유제품은 끈적한 물질이 성대 점막에 달라붙어 목에 무언가가 걸려있는 느낌을 주고 자꾸 헛기침이 나게 합니다. 밀크커피나 밀크티에는 카페인, 우유, 설탕 등이 포함되어 있으니 피하는 것이 좋습니다.

탄산음료는 자체에 포함되어 있는 설탕이 입에 침이 고이게 하여 강의를 방해합니다.

음식

맵고 짠 자극적인 음식과 기름진 음식은 위산 역류증을 유발합니다. 위산 역류성 인후염은 목을 상하게 하는 주범이므로 위산 역류증의 원인인 과식과 야식도 자제하는 것이 좋습니다.

그림 65. 몸 상태와 환경, 목소리 킬러

몸 관리

코감기, 목감기, 알레르기 등은 미리 예방하며 증세가 있을 시 즉시 치료하여 증상을 악화시키지 않도록 합니다.

안 좋은 습관

헛기침을 자주 하는 것도 성대를 다치게 합니다.

크게 내지르는 고함소리는 한 번으로도 성대를 다치게 할 수 있습니다.

안 좋은 환경

추운 날 바람이 많이 부는 날씨, 황사가 심한 날, 건조한 날 등은 목에 좋지 않습니다. 또 실내나 자동차 안에서 히터나 에어컨을 작동시키는 것은 목이 건조해지는 환경을 만듦으로 좋지 않습니다.

목에 좋은 음식은 뭐가 있을까

일반적으로, 황사가 심한 날이나 먼지가 많은 환경에서 일한 후에는 목을 "삼겹살로 청소한다"는 말을 듣습니다. 또한, 노래를 부르기 전에 날계란을 먹으면 매끈한 고음처리를 할 수 있어 효과적이라고도 합니다. 목청이 좋아지기 위해선 닭의 목 부위를 먹기도 합니다. 실제로 그럴까요? 이와 같은 방법은 과학적 근거가 부족하고 오히려 몸과 목에 안 좋은 영향을 끼치기도 합니다.

보통 목을 많이 쓰는 사람은 도라지, 프로폴리스, 배즙 등을 먹기도 합니다.

강의 중 당을 보충하고 목을 보호하기 위해 목캔디를 준비해 먹는 경우가 많은데 목캔디의 약효성분이 성대에 직접 작용하진 않으며 당 성분은 침을 분비하므로 강의 중 먹으면 오히려 말할 때 방해받을 수 있습니다.

많은 분들이 목이 컬컬하거나 이상 신호를 느끼면 약국에서 일단 트로키 제제를 먹는데 그 작용에 대해서 알아보겠습니다. 트로키는 성대에 직접 접촉되지 않으므로 직접적으로 치료되는 건 아닙니다. 단지 입안이 화해지는 기분에 효과가 있다는 느낌이 들 뿐입니다. 트로키의 약 성분이 위에서 흡수된 후 성대로 2차 흡수되는 과정을 거칩니다. 트로키 약의 성분은 살균소독제, 소염제, 진해거담제, 흥분제의 일종인 카페인, 진정제, 진통작용제 등입니다.

그러면 이들 중 목에 좋은 음료는 무엇일까요? 물이 유일합니다. 다만 찬물은 성대를 수축시키니 따뜻한 물을 마시는 것이 최고로 효과 좋은 방법입니다.

그림 66. 목에 좋은 음식은 어떤 것인가?

강의 목 관리

강의 시작할 때까지 목 준비하기

목을 풀지 않고 준비되지 않은 상태에서 하는 강의는 비포장도로 위에 경차를 몰고 가는 느낌입니다. 반대로 목을 잘 풀어주면 마치 포장도로 위를 마력이 큰 세단을 타고 운전하는 느낌이 들겠죠. 같은 시간 동안 강의를 하는 거라면 이왕이면 조금 더 준비하고 노력하여 즐겁게 강의하는 게 더 낫지 않을까요?

수업 전에 미리 목 상태를 점검하고 준비하기 위해 제가 활용하는 방법은 다음과 같습니다.

- 스타카토 F·S·S·F 훈련을 통해 횡격막을 깨워줌
- 연극속삭임의 방법으로 구문을 2회 정도 읽으며 가성대를 활성화시킴
- 조음기관인 얼굴의 턱 부분을 엄지로 마사지하여 근육의 긴장을 풀어줌
- 이렇게 준비를 하고 연구실 문을 나서면 강의실까지 발걸음이 가벼워짐
- 강의실 문을 힘차게 열고 학생을 향해 "안녕하세요"라고 크고 밝게 인사하며 아이스브레이크함

수업 중 목 관리

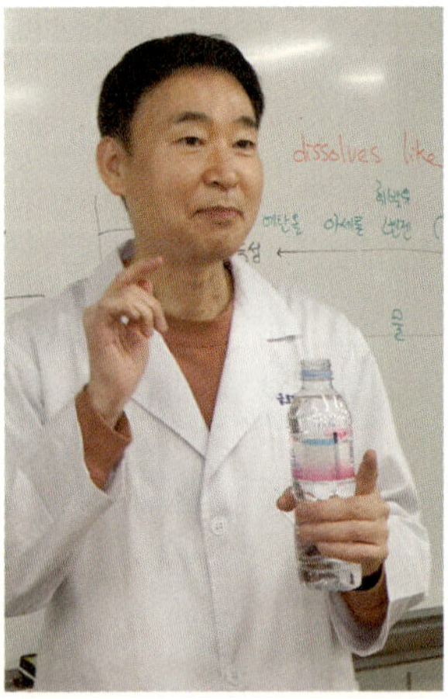

그림 67. 강의 중 수분 흡수

수업 중에는 자주 물을 마셔줍니다.

거북목 자세는 힘없는 목소리가 나오게 하므로 가슴을 펴고, 턱을 당긴 채 머리를 들고 강의하며 웃으면서 수업을 진행합니다. 웃으면서 강의하면 목소리가 명랑해지고 강의가 즐거워집니다.

강의 끝나고 목 정리하기

수업이 끝난 후에는 한동안 음성휴식을 취하고 목 마사지와 목 스트레칭을 해줍니다. 즐겨하는 스트레칭법은 다음과 같습니다.

- 성대를 손가락으로 잡고 떨면서 'o'허밍으로 애국가 1절을 부름
- 목 스트레칭[38]을 하여 발성근육을 이완시킴

강의할 때 왜 물을 마셔줘야 하는가

강의할 때 계속 성대를 사용하면 성대와 성대 주변 기관이 충혈되고 이로 인해 성대가 건조해집니다. 호흡량이 증가하면서 성대가 더욱 마르게 되고 입으로 호흡을 하는 경우에는 성대의 건조가 가속화됩니다. 성대가 건조한 상태에서 강의를 계속하는 것은 목에 치명적입니다.

건강한 성대는 백색으로 점액 분비물로 인해 광택을 띱니다. 반면 건조한 성대는 충혈로 인해 핑크색을 띠게 되고 목소리에 윤기가 없어집니다.

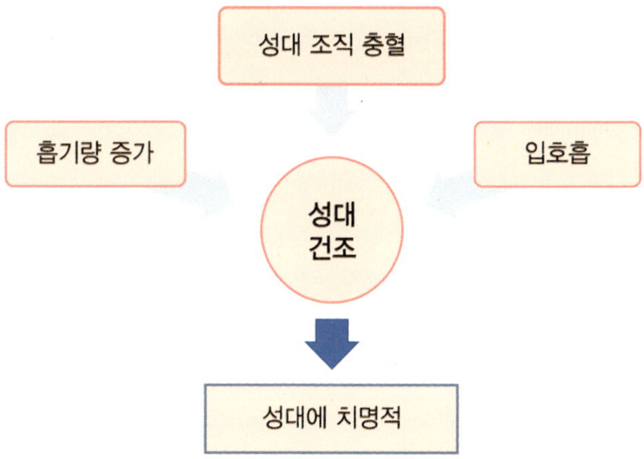

그림 68. 강의발성 시 성대 건조

38) 155쪽 참고

강의 중 성대의 건조를 막기 위해 수시로 물을 마셔주는 게 좋습니다. 물을 마시면 물이 직접 성대를 적시는 것이 아닙니다. 마신 물이 식도를 통해 위로 가고, 위에서 혈액으로 흡수된 후, 수분이 발성기관에서 분비되므로 간접적으로 성대를 적셔주게 됩니다.

후두개는 공기는 기도로, 음식물은 식도로 가도록 길을 열어주고 닫아주는 밸브 역할을 합니다.

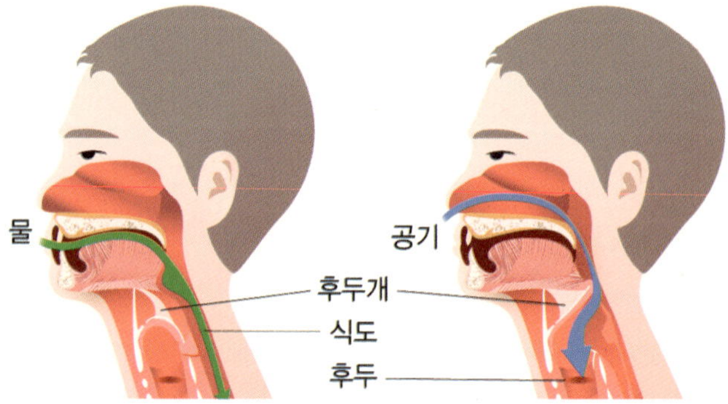

그림 69. 공기와 물의 통과

표 31. 물을 마시면

물 마심	식도 통과	수분 흡수 in 위	혈액 into 혈관	수분분비 from 후두실샘 / 점액분비 from 인후부 점막

강의실이 매우 건조하거나 목의 건조감이 클 때는 네뷸라이저라고 불리는 휴대용 증기 흡입기를 사용하는 것도 좋습니다. 이것은 증기 흡입을 통해 직접적이고 즉각적으로 성대에 수분을 공급해주는 장치입니다. 성대가 쉽게 건조되어 헛기침이 잦

거나 이물감을 느끼는 사람에게 적합하며 성대 상해 예방목적으로도 사용할 수 있습니다. 물만 사용해도 되고 중조나 붕산을 1~2% 농도로 녹여 사용해도 됩니다. 의료기상사에서 구입할 수 있고 인터넷에서는 3만원대에 구입할 수 있습니다.

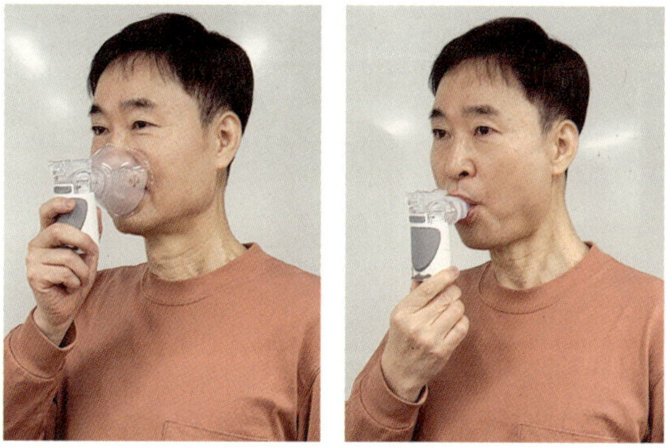

그림 70. 휴대용 증기 흡입기

강의실의 에어컨과 히터

옛날에는 겨울엔 웬만큼 춥고 여름엔 웬만큼 더운 걸 당연하게 여겼는데, 요즘은 강의실에 공조시스템이 있어 조금만 덥거나 추워도 에어컨이나 히터를 작동시킵니다. 학생들은 보다 쾌적한 환경에서 수업을 듣는 것이라고 생각하겠지만, 강의하는 교수자 입장에서는 이러한 환경은 목에 아주 안 좋은 영향을 미칩니다.

가수 옥주현과 배우 고현정은 겨울에 차로 이동할 때 히터를 틀지 않고 이동하는 것으로 유명하다고 합니다. 히터를 틀게 되면 내부가 건조해져 피부와 목 상태에 영향을 주기 때문이라고 합니다. 교수자들도 마찬가지로 겨울에 히터를 사용하면 습도가 급격히 떨어져 목에 치명적인 환경이 됩니다. 강의실에서 히팅을 하면 아랫공기보다 윗 공기가 더 뜨거워져 앉아있는 학생들에 온도를 맞추면 교수자는 땀범벅이 되어 외투를 벗어야할 정도가 됩니다. 여름철 냉방기를 가동해도 찬 공기가 성대에 직접 닿아 목에 좋지 않을 뿐 아니라 공조시스템에서 발생하는 소음도 강의에 많이 방해됩니다. 그래서 저의 경우에는 교단 쪽에 있는 앞 공조시스템을 끄고 강의를 진행하기도 합니다.

목 관리는 예방이 중요합니다

목관리 루틴

목소리를 위해서 평소 충분한 양의 물을 섭취하고, 규칙적으로 운동하며, 자주 노래를 부르거나, 정확한 발음을 연습하는 것을 습관화하는 것이 중요합니다. 이러한 일상적인 행동들은 너무도 사소하기 때문에 무시되기 쉽습니다. 그러나 누구나 지금 당장, 거창한 준비가 없어도 실행가능한 것들이므로 이러한 습관을 루틴화하게 되면 크게 힘들이지 않고도 목관리를 할 수 있습니다.

이외에도 실내에서 가습기 사용, 외출할 때는 목도리를 착용하여 목을 따뜻하게 보호하기, 장시간 에어컨이나 히터에 노출되지 않는 환경 만들기 등을 실천합니다.

호흡을 할 때에도 입으로 하기보다 코를 통해 호흡하는 것이 좋습니다. 성대 결절은 말을 할 때 높은 소리로 빠르게 말하는 사람에게 주로 발생하기 때문에 말을 많이 하는 사람은 음성 위생에 더욱 신경을 쓰는 것이 좋습니다.

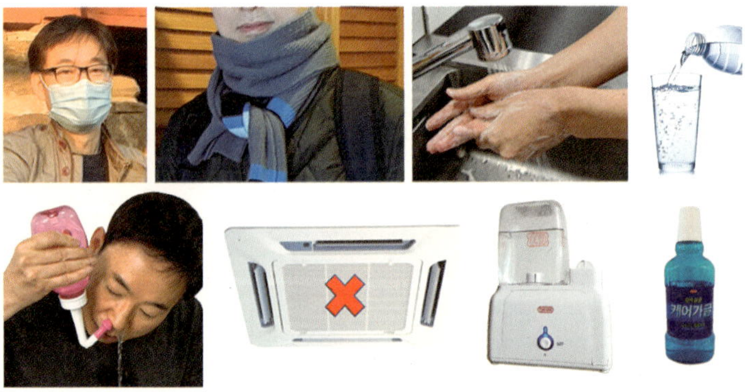

그림 71. 평소 목관리 방법

노래를 부르는 것은 목소리를 위한 운동과 같습니다. 노래를 부르면 발성기관이 활성화됩니다. 특히 호흡이 약한 사람들에게 효과적이며 샤워실에서 노래를 부르면 공명이 잘 되어 듣기 좋고 성대가 촉촉하게 되어 노래 부르는 연습을 하기에 딱 좋은 환경입니다. 저는 좋은 기회가 닿아 합창단에 속하게 되면서 소리내는 방법에 대해 배우고 매주 훈련을 통해 목소리의 퀄리티가 달라지는 경험을 했습니다. 단,

노래방에서 무차별적으로 고음을 내지르는 것은 오히려 성대를 무리하게 사용하게 만듦으로 득보다 실이 더 커 권하지 않습니다.

인후염

인후염은 쉽게 발생하는 질병으로 목 건강에 치명적입니다. 인후염의 원인은 △외부 세균의 침입과 △후비루가 있습니다.[39]

음식물이나 호흡을 통해 인후부에 세균이나 바이러스가 다량 흡입되어 인후염이 유발됩니다.

후비루는 콧물이 후두로 넘어가는 증상을 말합니다. 후비루는 비염이나 축농증이 원인이 되어 콧물이 많이 날 때 발생됩니다. 특히 똑바로 누워서 자는 경우 자는 동안 콧물이 후두로 넘어가 아침에 일어나면 목이 칼칼해집니다. 후비루 증상이 있는지 자가 진단하는 방법으로 고개를 위로 젖히고 천장을 20초 정도 바라보았을 때 목으로 콧물이 목으로 넘어가는 느낌이 드는지 확인하는 것입니다. 목 깊은 부분에서 간질간질함이 느껴진다면 인후염의 전조증상이니 주의해야 합니다.

저의 경우는 알레르기 비염이 3주 정도 지나면 후비루에 의해 인후염 전조증상이 생길 때가 있는데, 가글액으로 목 깊은 곳까지 자주 세척해주어 세균과 바이러스로부터 인후염을 예방하고 있습니다.

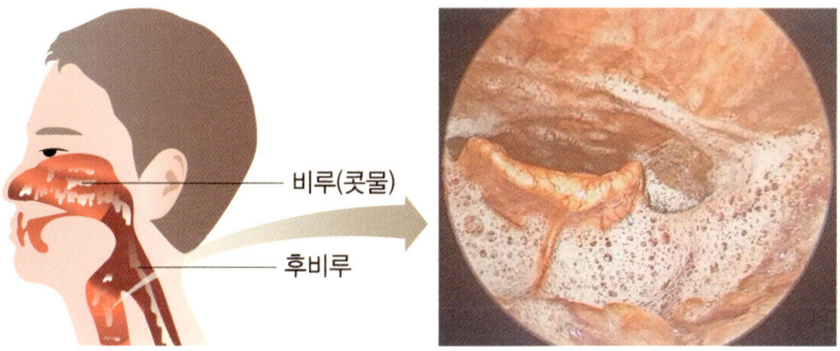

그림 72. 후비루와 후두에 있는 후비루

39) 김나현, 김경수(2011). 후비루 증후군. 대한비과학회, 18(1). 16-19.

음성장애 회복방법

강의를 할 때 종종 너무 열정적으로 목을 사용하다보면 성대를 무리하게 혹사시키게 되어 말을 할 때 괴롭다거나 목이 아프다거나 목에 이물감이 느껴지고 강의 후 목이 쉬는 경우가 발생됩니다. 목 관리는 예방이 무엇보다 중요하지만 이미 혹사되었다면 성대를 빨리 회복시키는 것이 필요합니다.

음성장애 치료방법은 다음과 같습니다.

- 음성휴식
- 허밍 컨트롤
- 비스켓 씹는 법
- 전문의 치료
- 목소리 클리닉

음성휴식

음성 피로감이 나타나면 며칠이나 1주일 정도 휴식만 취하면 곧 회복됩니다. 소리가 부드럽게 나지 않는다고 속삭임으로 대화하는 것은 성대를 부자연스러운 운동을 하게 함으로 오히려 더 나쁜 결과를 초래합니다.

허밍 컨트롤

자신이 낼 수 있는 가장 편안한 음의 높이를 찾아 그 음으로 허밍 소리를 냅니다. 이 허밍으로 소리를 내는 것은 성대의 부담을 줄인다고 실험적으로 알려져 있습니다.[40] 말소리의 높고 낮음은 성대 크기와 관계가 있으므로 개개인은 자연히

---

40) Kate DeVore & Starr Cookman (2020). *The voice book : caring for, protecting, and improving your voice*. Chicago, IL.: Chicago review press.

정해진 말소리의 높이가 있습니다. 그러나 목소리에 이상이 오면 이 높이에도 변화가 오게 됩니다. 따라서 치료 목적의 하나로서 원래의 화성위로 돌려주는 것이 중요합니다.

허밍을 이용한 음성치료를 허밍 컨트롤이라고 하는데 이 방법에 대해 설명하겠습니다.

- 허밍으로 어떤 음에 강약을 붙여 봅니다.
- 즉 허밍을 *piano(약하게)* → *forte(세게)* → *piano(약하게)* 합니다.
- 허밍을 점점 세게 한 후 점점 약하게 발성하면서 소리가 잘 나오는 지 확인합니다.
- 발성이 잘 되면 반음씩 올려서 동일하게 반복합니다.
- 이렇게 순차적으로 자신이 낼 수 있는 음의 영역을 넓혀가면 차차로 성대도 정상으로 돌아오게 됩니다.
- 만약 허밍이 잘 안되면 다시 원래 음으로 돌아와 전 과정을 반복합니다.

이러한 방법은 '저음 발성법'이라고 해서 음성치료에 사용되는 방법입니다.[41]

자신의 가장 편안한 소리는 자신이 낼 수 있는 성역의 제일 밑음으로부터 4~5도의 높이에 있다고 합니다. 예를 들어, 자기가 낼 수 있는 최저음이 '라'음이라고 하면 발성이 쉬운 음은 '레'나 '미'음입니다. 이 높이에서 소리를 내면 성대 부담이 최소가 된다는 뜻입니다.

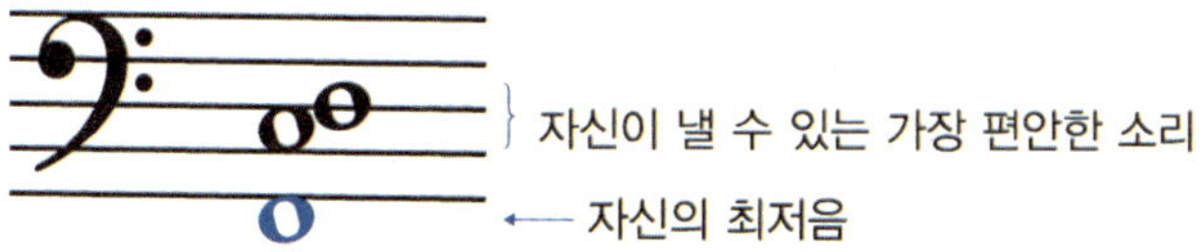

그림 73. 자신이 낼 수 있는 가장 편안한 소리

41) Theodore Dimon (2018). *Anatomy of the voice : an illustrated guide for singers, vocal coaches, and speech therapists.* Berkeley, CA: North Atlantic books.

비스켓 씹는 법

한 개의 비스켓을 입에 넣고 씹습니다. 입 운동을 크게 하면서 혀를 많이 움직이며 5분 동안 모음 소리를 내거나 짧은 문장을 읽으면서 비스켓을 씹습니다. 침이 고이면 삼킵니다.

비스켓이 다 녹으면 삼켜버리고 다시 새로운 것을 입에 넣고 계속 씹습니다.

이처럼 비스켓 씹기를 계속하면 성대와 성대 주변 근육이 이완되어 성대 장애가 빨리 극복될 수 있습니다.

전문의 치료

목소리에 이상을 느끼면 자신이 관리 할 수 있는 기간을 최대 1주일 정도로 잡고 회복되지 않은 채 날짜가 경과되면 전문의를 찾아가 진단을 받는 것이 현명합니다.

목소리 클리닉

대부분 성대를 다쳐 전문의를 만나면 최대 3달 동안 말을 하지 말라고 합니다. 상처입은 성대가 회복되는데 그 정도 시간이 필요한 것 같습니다. 그러나 성대를 부드럽게 마사지해주고 스트레칭을 해주면 더 짧은 기간에 회복될 수 있다는 연구 보고가 있습니다.[42)]

제가 10년 전 목을 다쳐 소리가 나지 않았을 때 다음과 같은 간단한 훈련으로 짧은 시간에 회복되었습니다. 이런 훈련을 하면 후두부의 긴장이 풀려 성대가 강해지고 발음이 명확해지는 부수적인 효과도 있습니다.

제가 목소리 클리닉에서 경험한 것들 중 3가지 방법을 소개하겠습니다.

---

42) 임성수, 임순용, 김봉현, 가민경, 조동욱 (2011). "후두 마사지를 이용한 음성 향상도 분석 및 평가", 한국통신학회 학술대회 논문집, 2011(6), 99-100.

울대뼈 떨어주며 애국가 허밍

울대뼈(아담의 사과)를 손가락으로 잡고 떨면서 애국가를 허밍으로 부릅니다. 애국가는 음정 변화가 크지 않고 빠르지 않아 가장 적합합니다. 허밍은 성대 상해를 완화시킨다고 알려져 있습니다.

후두부 마사지 허밍

'음~' 허밍을 하며 후두부를 손으로 마사지합니다. 음성피로라고 하는 것은 성대뿐 아니라 성대를 둘러싸고 있는 성대근과 그 부속근이 피로하기 때문인데 마사지로 피로한 근육을 풀어주는 겁니다. 잠자는 근육을 깨우면 목이 간질간질해지며 기침이 날 수 있는데 기침을 통해 목에 고여 있던 점액을 배출시키면 목이 상쾌해집니다. 그러나 과하게 기침을 유발하면 목이 오히려 상할 수 있으니 과하지 않게 해주는 것이 중요합니다.

후두마사지 방법은 3단계로 해줍니다.

첫 번째, 바른 자세로 정면을 바라봅니다. 엄지와 검지로 성대 안쪽 1cm되는 부분을 잡고 위에서 아래로 천천히 돌리듯 마사지합니다.

두 번째, 마찬가지로 정면을 보는 자세로 손바닥을 넓게 편 후 목 전체를 감싸듯 잡고 위에서 아래로 살살 눌러주듯 마사지합니다.

마지막 세 번째, 같은 자세로 엄지와 검지로 안쪽 1cm 부분을 잡고 좌우로 천천히 마사지합니다.

목근육 스트레칭

목 근육 스트레칭 과정을 설명하겠습니다. 우선, 허리를 세운 상태에서 고개를 오른쪽 방향으로 지그시 누르고 5초간 유지하고, 반대 방향으로도 똑같이 지그시 누르고 5초 유지합니다. 다음은, 엄지손가락 두 개를 모아서 턱 끝에 댄 뒤 고개를 뒤쪽으로 젖히고 5초 유지합니다. 마지막으로, 고개를 아래쪽으로 향한 뒤 양손으로 지그시 누르며 5초 유지합니다.

목소리 안티에이징

엘리베이터 앞에서 강의를 마치고 온 교수님들을 마주쳤을 때 기가 빠지고 탈진된 모습을 보이는 교수님들이 있습니다. 노화현상은 전방위적으로 오지만 그 중 목소리의 노화를 보면 말의 힘이 약해지고 말이 느려지며 숨이 거칠고 가래가 끓어 큼큼거리거나 헛기침을 자주 하는 경향을 보입니다. 교수자는 목이 연장인데 연장이 무뎌지면 강의를 전달력 있게 하기 어려워지는 건 자명합니다. 무엇보다 무뎌진 연장으로 강의를 하다보면 말을 밀어내게 되어 수업이 끝난 뒤에도 몸이 극도로 피곤해집니다.

수백억씩 버는 유명한 스타 강사가 목을 혹사시켜 아직 젊은 나이에 목소리가 탁성으로 변한 것을 보면 매우 안타까운 마음이 듭니다. 성대의 노화는 나이가 먹어서 생기기도 하지만 잘못된 발성과 목의 혹사로 인해 젊은 나이에도 노화가 올 수 있습니다.

교수자는 목소리를 사용하는 직업인이다 보니 누구보다 목소리 노화가 빨리 일어납니다. 수십년간 강의를 하면서 성대를 너무 많이 부딪혔기 때문입니다.

목소리의 노화는 외형적인 노화현상과 마찬가지로 45세를 기점으로 현저하게 나타나기 시작합니다. 목소리가 늙으면 인상도 변해 보이고 실제 나이보다 더 올드하게 생각되어지기도 합니다. 목소리가 노화되면 시끄러운 장소에 가거나 사람이 많이 모이는 곳을 기피하게 되고 사회생활에도 단절을 가져올 수 있다는 연구보고가 있습니다.[43]

최근에는 성대의 쇠퇴를 개선하기 위해 히알루론산 주사를 맞는 목소리 미용성형에도 관심이 높아지고 있다고 합니다. 그러나 비용적인 부담과 지속기간이 짧다는 단점이 있습니다.

목소리가 노화되면 △성대근육이 느슨해져 탁하고 거친 소리가 나며, △후두연골의 근육과 신경들이 퇴화되어 음색과 운율이 사라져 높낮이 조절이 어렵게 됩니다. △점액 분비량도 줄어들어 점막이 딱딱해지고 그 결과 조금만 무리를 해도 쉰 소리

43) Cindy Long(2016). *Teacher Voice Problems Are an Occupational Hazard. Here's How to Reduce the Risk.* Washington, DC: National education association today.

가 나기 쉽습니다. △폐 기능도 떨어져 공기를 밀어내는 힘이 약해지며 음성도 약해집니다. △혀와 입의 운동이 원활하지 않아 불분명한 발음이 납니다. △호르몬 변화로 여성의 목소리는 남성화가, 남성의 목소리는 여성화가 됩니다. 이와 같은 현상을 노인성 음성장애라 일컫습니다.

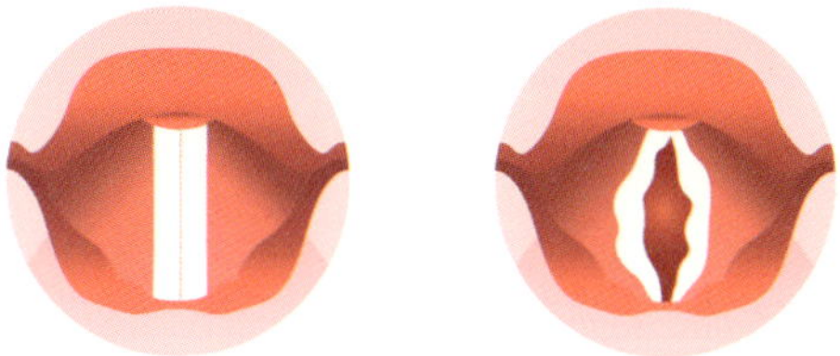

그림 74. 말 할 때, 정상성대(좌)와 노화된 성대(우)

그렇다면 목소리 노화에 대한 대책은 없을까요? 목소리 역시 훈련과 노력에 의해 노화의 속도를 늦출 수도 있습니다. 우리가 얼굴에 주름이 생기는 것을 예방하기 위해 마사지를 하듯이 강의 전후에 후두 마사지를 습관화하면 목소리 노화를 늦추는데 매우 효과적입니다. 노래하는 취미를 갖는 것도 좋은데 노래를 통해 발성기관이 활성화되어 소리의 표현이 다양해지고 풍부해지기 때문입니다.

목소리를 낸다는 것은 온몸작용의 결과물이기 때문에 규칙적인 운동을 통해 복식호흡의 기본이 되는 복압력을 향상시키면 목소리에 힘이 실리고 전달력이 향상되는 효과가 있습니다.

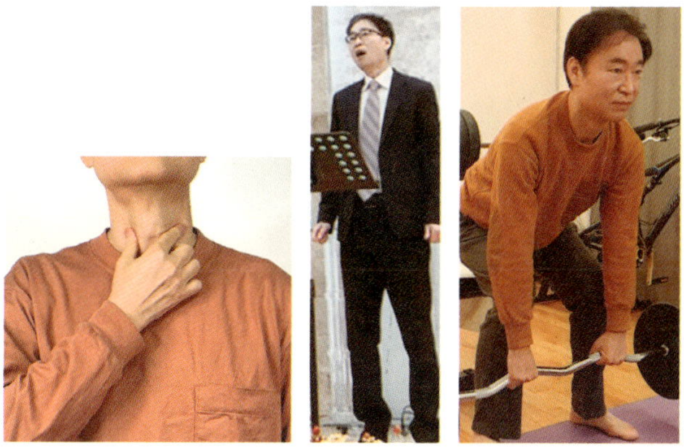

그림 75. 목소리 안티에이징 방법-후두 마사지, 노래하기, 운동

몸체 근육이 발성에 미치는 영향

목소리는 에너지입니다. 건강한 목소리를 내기 위해서는 기운과 힘이 있어야 합니다. 몸의 힘을 기르기 위해 근육운동을 하는 것을 추천합니다. 가슴근육, 등 근육, 배 근육들은 횡격막 운동에 직접 작용하여 허파의 호흡기능을 향상시킵니다. 목소리에 영향을 미치는 근육들의 특성은 다음과 같습니다.[44]

목 근육 - 목이 굵은 사람은 성대 진동을 크게 공명시킬 수 있어 목소리가 부드러우며 성량이 풍부한 사람이 많음.

가슴근육 - 가슴근육이 두터울수록 공명이 잘 됨.

등 근육 - 등 근육이 약하면 음정, 음량, 음질들을 자유롭게 조절하기 어려움.

배 근육 - 가장 자유롭게 움직이며 횡격막 운동을 조절함. 배 근육이 강하면 흡기량이 증가함.

허리근육 - 가슴, 등, 배의 근육을 지지해 줌. 허리근육이 약하면 목소리가 쇠약해짐.

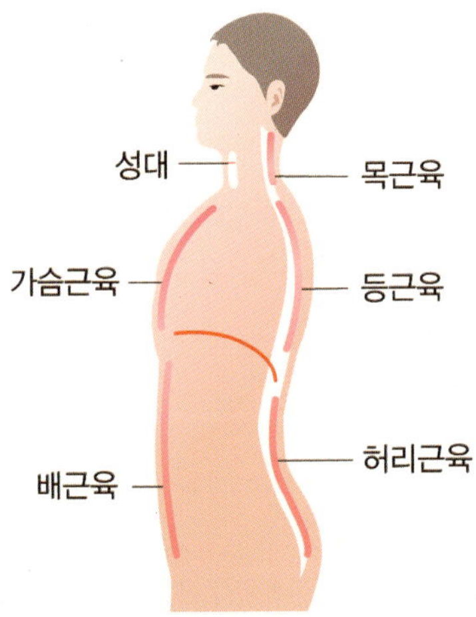

그림 76. 발성과 관련된 몸체근육

44) 문영일 (1987). 기초 음성학과 발성기법. 서울: 청우.

건강한 목소리를 내는데 뱃심과 뒷심이 중요합니다

뱃심은 배 근육이 담당하는데 배 근육이 발달하면 소리를 우렁차게 만듭니다. 뱃심을 강화하기 위한 운동은 플랭크, 레그레이즈, 윗몸 일으키기 등이 있습니다.

뒷심은 허리 근육이 담당하는데 목소리에 직진성이 없이 목 뒤에서만 소리가 머물러 있을 때 뒷심을 강화하면 직진성이 생깁니다. 양손을 허리근육에 대고 말을 하면 말을 할 때마다 기립근이 쫙쫙 짜지는 느낌을 느낄 수 있습니다. 허리 쪽 기립근은 마치 미사일 발사대처럼 소리를 안정적으로 멀리 쫙쫙 나가게 하는 것입니다. 뒷심을 강화하기 위한 운동은 플랭크, 스쿼트, 데드리프트 등이 있습니다.

플랭크 운동은 뱃심과 뒷심을 동시에 기르는데 아주 좋은 운동입니다.

그림 77. 뱃심과 뒷심을 기르는 플랭크 운동

건강한 목소리 관리

교수자에게 좋은 목소리란 건강한 목소리라고 생각합니다. 목소리는 지금도 좋아야 하지만 앞으로도 좋아야 합니다. 지금의 건강한 목소리만큼 앞으로도 계속해서 건강하고 좋은 목소리를 유지해야 합니다. 발성기관은 나이가 듦에 따라 노화됩니다. 평소 밝은 마음을 갖고 바른 자세를 유지하며 체력단련을 하며, 발성 훈련을 꾸준히 한다면 건강한 목소리를 가질 뿐 아니라 나이가 들어도 젊고 건강한 목소리를 낼 수 있습니다.

표 32. 건강한 목소리 관리

<table>
<tr><td>밝은 마음</td><td rowspan="3">발성
훈련</td><td rowspan="3">건강한
목소리</td><td rowspan="3">안티
에이징</td></tr>
<tr><td>바른 자세</td></tr>
<tr><td>체력 단련</td></tr>
</table>

교수자는 성대근육을 사용하는 또 다른 운동선수라는 점을 잊어서는 안됩니다. 음성상해는 치료보다 예방이 더 중요합니다. 그러므로 음성에도 적절하고 규칙적인 관리가 필요합니다. 마치 운동선수가 하는 것처럼 강의 전후로 준비운동과 정리운동이 필요하며, 평소에도 반복적인 발성연습을 꾸준히 이어나가야 합니다. 이와 같은 관리를 통해 건강한 음성을 가지며, 나이 들어서도 젊고 건강한 목소리를 유지할 수 있게 됩니다.

11. 연기화법

연기화법을 통해 목소리를 말랑말랑하게 해주면
스스로 스피치 작곡가가 되어 상황에 맞게
전달력 있는 목소리를 낼 수 있게 해준다

11 연기화법

우리의 감정은 목소리를 통해 자유자재로 다채롭게 표현됩니다. 기쁠 때, 슬플 때, 감정이 격앙되거나 혹은 반대로 다운될 때, 모든 희노애락의 상황에서 목소리에 감정이 담기는 것은 무척이나 자연스러운 일입니다.

목소리에 감정을 싣게 되면 저절로 말하는 속도, 강약, 강조 등의 표현이 이루어집니다. 연기하듯 말하는 방법인 연기화법은 목소리를 말랑말랑하게 해줍니다. 목소리가 말랑말랑해지면 마치 스피치 작곡가가 된 듯이 상황에 맞는 목소리를 낼 수 있게 도와주어 전달력과 호소력 있는 목소리로 만들어 줍니다.[45]

언뜻, 학업을 위한 정보전달이 우선되는 강의자가 감정을 표현할 일이 무엇이 있을까 생각할 수도 있습니다. 그러나 감정을 배제하고 말을 하게 되면 무미건조하게 들리고 딱딱한 느낌을 주게 됩니다. 듣는 이의 입장에서는 지루하고 답답하게 여겨질 수 있습니다. 감정이 없는 목소리는 말의 의미를 제대로 전달하기 어려울 수 있습니다. 로봇의 목소리를 듣고 우리가 느끼는 기분을 상상하면 더 쉽게 이해할 수 있습니다. 대부분의 사람들은 감정이 없는 목소리에 대해 부정적으로 평가하는 경향이 있습니다. 재미가 없다거나 딱딱하다거나, 지루하다, 성의없다, 부자연스럽다는 식입니다. 학생들의 몰입을 위해서 때론 강의자들도 마치 연기자들처럼 감정을 자유자재로 표현하고 다룰 수 있는 목소리가 필요합니다.

연기화법을 통해 목소리가 말랑말랑하고 유연해지면 감정을 표현하는 능력이 풍부해집니다. 목소리에는 △의사표현의 기능과 △정서적 표현의 기능이 있는데 감정을 담아 표현하게 되면 전달력이 훨씬 더 좋아집니다. 여러 가지 정서적인 표현을 잘 나타내기 위해서는 풍부한 목소리가 뒷받침되어야 합니다.

---

45) Cicely Berry (1991). *Voice and the actor.* Hoboken, NJ: Wiley.

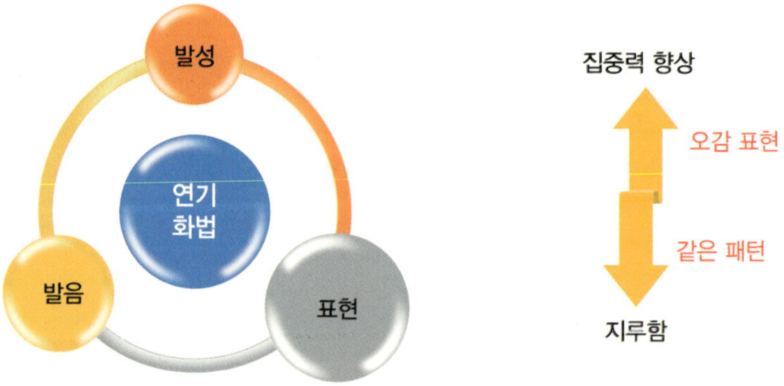

그림 78. 연기화법

시종일관 같은 패턴으로 진행되는 강의는 얼마나 지루한가요. 연기화법을 통해 문장의 느낌을 오감으로 표현하면 학생들은 지루하지 않게 수업의 내용을 받아들일 수 있습니다.

한국사 인기 탑티어 설민석 강사는 탤런트 빰치는 연기력을 보이며 관중들을 울고 웃게 만들어 최고의 몰입을 끌어냅니다. 교수자들도 분명 이러한 에듀테인먼트의 능력을 키울 필요가 있다고 생각합니다.

실제로 강의를 하다보면 어느 순간 내 목소리가 잘 들리면서 내 호흡이 느껴지는 때가 있습니다. 강의 컨텐츠에 나의 목소리를 실어서 자유자재로 변형을 주는 과정에서 학생들과 교감하며 몰입되는 기분을 느끼는 것입니다. 학생들의 반짝이는 눈을 보며 강의하는 자신이 뿌듯하고 재미있습니다.

연기화법을 위한 관문

제가 다녔던 목소리 학교 마지막 코스에서 원장선생님이 "목소리 훈련의 완성은 연기화법이다"라는 말을 듣고 성우학원에 입문하였습니다. 인터넷으로 유명한 성우학원 3곳을 찾아보고 방문하였는데 2곳의 학원에서는 거절당했습니다. 아마 수강생의 대부분이 20대이고 학원은 성우를 길러내기 위한 사관학교 같은 곳이기 때문에 분위기를 해칠까봐 거절한 것이 아닐까 싶습니다. 하지만 다행히도 3번째 방문했던 학원의 원장은 저를 부정적으로 대하지 않았고 흔쾌히 수강을 허락해주었습니다.

성우학원의 수강생은 성우 지망생이라고 불리며 모두들 꿈을 이루고자 하는 열정으로 똘똘 뭉쳐 강의실 분위기는 늘 진지하고 열정적이었습니다. 저도 그 경쟁에 동참하여 KBS 성우 모집에 지원한 적이 있는데 그때 수험생이 얼마나 많았던지 방송사 건물 주변을 거의 꽉 채울 정도였던 걸로 기억합니다.

그림 79. KBS 성우 수험표

제일 처음 제가 나이 많은 수강생의 타이틀을 끊은 이후로 60대의 여성분이 젊었을 때의 꿈을 이루고자 수강을 했고, 젊은 여성 변호사는 자신의 여리고 작은 목소리 핸디캡을 극복하고자 찾아오기도 했습니다. 전직 대통령의 사위라고 자신을 소개한 어떤 이는 정치계에 입문하려고 등록했다 말하기도 했습니다. 이제 스피치란 어느 영역, 어느 직종에만 한정된 기술이 아니라 일반인들에게도 큰 관심을 모으며 성장하고 있음을 느끼는 계기가 되었습니다.

성우학원의 교육 커리큘럼은 표 33과 같습니다.

표 33. 성우학원의 교육 커리큘럼

훈련단계	훈 련	비 고
기초	발성훈련	음성체력을 기름
	호흡훈련	
	발음훈련	목소리 다이나믹을 확장시킴
초급	목소리 흉내내기	음성연기 기본연마
	내레이션	광고, 다큐
	단문	주어진 성별, 나이에 따른 상황 연기
중급	1:1 대본연기	1인 상대와 감정연기
	드라마 대본연기	2인 이상의 상대와 감정연기
고급	외화더빙	배우와 입을 맞추며 대사 치는데 머리 쥐 남
	애니메이션	목소리 변조가 많아 목에 무리를 줌

연기화법을 위한 트레이닝은 다음과 같습니다.

- 흉내내기
- 짧은 구문 표현연습
- 더빙연습
- 감정이입

흉내내기

흉내 내기는 연기화법을 기르는 최고의 방법입니다.

라디오 DJ 흉내 내기, 개그프로나 예능프로 출연자의 말투 흉내 내기, 유튜버 따라하기 등이 있는데, 보통 대화할 때 상대의 손짓, 몸짓, 말투 그대로 따라 하기 등을 해보면 분위기도 아주 좋아집니다.

저는 운전할 때 라디오 채널을 바꿔가면서 진행자 멘트를 흉내내는 취미를 갖고 있습니다. 많은 사람들을 흉내내는 연습을 하다가 어느날, 조용기 목사의 설교가 리드미컬하고 호흡이 딱딱 맞아 제게 잘 맞는 스타일의 연설이라는 것을 발견하기도 했습니다. 이처럼 다양한 사람들을 따라하다 보면 내게 맞는 스타일의 연설이나 발표 방법을 찾을 수 있어 많은 도움이 됩니다.

짧은 구문 표현연습

"싫어"

동일한 내용을 말하더라도 목소리 톤, 강세, 크기, 속도, 억양, 어조 등을 달리하면 전혀 다른 메시지로 전달됩니다.

똑같이 "싫어"라는 말을 할 때에도 높은 톤으로 크게 소리치며 말할 때와 가볍고 명랑한 소리로 말할 때의 의미는 전혀 다르게 느껴집니다. 평소보다 큰 목소리는 화가 났다는 것을 나타내고, 평소보다 작은 목소리는 기운이나 의욕이 없다는 것을 보여줍니다. 이처럼 목소리에는 그 사람의 감정이나 기분, 신체 컨디션이 고스란히 반영되어 있습니다.

"그런 사람 처음이야!"

위의 대사를 아래 상황에 맞도록 연기해봅니다.

사랑에 빠졌을 때
처음 만났을 때
사기당했을 때
화가 났을 때

"네, 네…. 네에~ 네, 네, (웃음) 네에~ 네에… 네"

위의 대사를 전화받는 상황에서 다양한 감정을 담아 표현해봅니다.

일상용어

일상용어를 다양한 느낌으로 말해봅시다.

안녕하세요
안녕하세요. 저는 000입니다
부탁해요
여보세요
식사하셨어요
뭐 먹을까요
감사합니다
수고하세요
지금 통화 가능하세요

오늘 뭐 하세요

고생하셨어요

미안합니다

잠시 말씀 좀 묻겠습니다

즐거운 시간 되세요

괜찮습니다

아닌데요

안녕히 가세요

또 만나요

어미 톤 변화

말투는 어미에서 결정됩니다. 말을 할 때 △말끝을 길게 늘이거나 살짝 올리면 상냥하고 친절하고 밝은 느낌을 줍니다. 상담원 등의 역할을 연기할 때 효과적입니다. △말끝을 짧게 표현하거나 아래로 내리면 단호하고 냉정한 느낌과 신뢰감을 줍니다. 군인이나 경찰에 적합합니다. △말을 평탄하게 일자로 진행하면 지루한 느낌을 줍니다. 반대로 △말을 율동적으로 하면 편안하고 생동감을 느낍니다. 아래의 말의 어미를 다양하게 발음해봅시다.

안녕하십니까

안녕하셨어요?

환영합니다

죄송합니다

보고드리겠습니다

아래 말의 느낌을 느껴봅시다.

밥 먹어 ↗ : 의문문

밥 먹어 ↘ : 평서문

밥 먹어 → : 명령문

어미에서 말의 느낌이 옵니다. 어미도 확실히 발음해주고 끝을 올려봅니다.

안녕하세요⤻
아- 그랬어요⤻
어땠어→ (꺽어주는 말투) : 친화력을 줌
죅인다→ : 분위기 살림

초보는 어미를 끌어 주면 됩니다.

밥 먹었어→
그래→
얘들아→

닭살 멘트

살면서 가끔 닭살멘트를 해보는 것도 참 재미있습니다. 표정, 말투, 톤을 바꿔서 안 하던 말을 해보세요.

(TV보다 눈 맞추면서) 당신이 더 나아
아무리 봐도 당신만한 여자 없어
5천원 짜리를 걸쳐도 당신이 입으니까 명품 같애. 빛이 나네
당신은 화장 안 해도 참 예뻐
너 남자친구가 좋아하겠다
너 그냥 집에 들어가지 마라. 꼭 남자친구 만나 데이트해라. 혼자라도 커피숍에 있다 가라

먼저 다가가기

(커피 건네며) 이거 마시고 해

선배님 요새 힘드시죠? (알아도 물어봐라)

(단추 채워주며) 추운데 따뜻하게..

잠깐만.. (머리카락 떼어주며) 뭐 묻었다

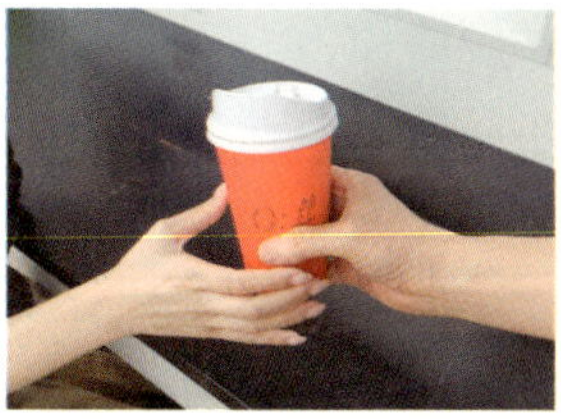

그림 80. 이거 마시고 해

적극적 맞장구

그랬구나→ 속상했겠다→

좋았어

빙고

앗싸

호오 그래 그래

그림 81. 앗싸! 좋았어

으~음 맛있다

오늘 집에 가서 저녁 밥상 앞에서 눈을 지그시 감고 입술만 움직여서 해보세요. '으~음 맛있다'. 매일 계속해서 연습하면 음성이 말랑해지고 집안에 평화가 옵니다. 진짜 음식이 맛있으면 진심을 담아서 '으~음 진~짜 맛있다' 이렇게 해보세요. 이렇게 음에 표정과 감정을 실어서 말하는 훈련을 하면 음성이 말랑해집니다. 음성이 말랑해지면 강의할 때 스피치에 저절로 악상기호가 입혀지고 스스로 목소리 지휘자가 되는 것입니다.

그림 82. 으~음 맛있다

더빙연습

어느 날 성우학원 강의실에 조금 늦게 들어간 적이 있는데 그때 외화 더빙 수업이 진행 중이었습니다. 딜런이라는 배역을 맡았는데 더빙이란 건 처음인데다 그 미드를 본 적도 없었기에 대본파악부터 인물정보까지 하나도 알지 못하는 상황이었습니다. 우왕좌왕 더빙을 마쳤는데, 쉬는 시간에 지망생들이 나를 보며 "네드", "네드"라고 놀렸습니다. 아마 "네드, 컴퓨터로 뭘 보고 있었지?"라는 대사가 있었는데 한글에 적힌 대로 '네드'라고 읽지 않고 앞에 강세를 앞에 두어 '네드'라고 불렀던 것 같습니다. 그때 토요일 오전에는 영어학원 미드반에서 공부하고 바로 성우학원으로 와서 대사를 치는 바람에 미국식으로 발음이 나왔던 것같습니다. 성우가 되려면 이렇게 작은 발음 하나까지도 섬세하게 캐치해내는구나 라는 생각이 들었습니다.

Our Idiot Brother

약간 덜 떨어진 네드는 큰 누나 집에 가서 매형(딜런) 일도 돕고 조카도 돌보고 있다.

딜런 : 뭐하는 건가? / 10시가 넘었잖아!!

네드 : 죄송해요 / 오늘도 시간 가는 줄 모르고 놀았네요.

딜런 : 네드, 컴퓨터로 뭘 보고 있었지?

네드 : 다른 건 아니고… '핑크 팬더' 봤습니다.

딜런 : 이력서 쓰라고 컴퓨터 빌려줬지, 그런 거나 보라고 빌려줬나?

네드 : 그냥… 애들 영화인데 보면 좀 어때요?

딜런 : 아무리 그래도 애들에게는 자극적이라구 / 리버는 아직… 7살짜리(일곱살짜리) 애일세

광고 더빙

광고 더빙은 제가 가장 좋아하는 분야입니다. 상대와 겨루지 않고 녹음하는 것이 조금 재미를 떨어뜨리지만 녹음을 마치고 받아본 파일을 화면과 함께 들어보면 근사하게 느껴집니다. 대개 커피광고, 기업광고 등의 내레이션이 주가 되는 광고 동영상을 이용합니다.

‘사람이 먼저다, 두산’의 더빙광고 동영상을 수업 쉬는 시간에 들려주었을 때, 처음엔 담담하게 듣던 학생들이 나중에 그 목소리가 내 목소리다, 라고 커밍아웃을 하면 모두 놀라는 분위기가 되어 내 목소리에 좀 더 귀기울이는 모습을 확인할 수 있었습니다.

김연아 IOC 연설 더빙

김연아가 2019년 평창동계올림픽을 유치하기 위해 IOC 위원 앞에서 영어 연설하는 동영상에 내 목소리를 입히는 작업을 했던 적이 있습니다. 이 작업을 하며 김연아를 존경하게 되었습니다. 전 세계의 이목이 집중되고 있고 IOC 위원들을 설득해야 하는 연설에서 압박을 이겨내고 영어를 자연스럽게 구사하는 걸 보고 정말 대단한 사람이란 생각이 들었습니다.

저는 PC에서 동영상을 재생하며 이어폰으로 음성을 들으며 핸드폰으로 음성녹음을 했습니다 그리고 나서 동영상편집기에서 김연아 목소리를 제거하고 내 목소리를 집어넣는 방식의 작업을 진행했습니다.

더빙 방법을 소개합니다. 우선 동영상 편집기 프로그램이 필요합니다.

- PC에서 동영상을 재생하며 이어폰으로 음성을 들음
- 방해받지 않도록 음량은 최소로 함
- 핸드폰으로 더빙 음성을 녹음을 함
- 동영상편집기에 동영상 파일과 핸드폰 더빙 음성을 불러옴
- 동영상 파일에서 기존 음성과 배경음악을 제거하고 동영상만 남김
- 동영상 위에 핸드폰 더빙한 내 목소리와 준비된 배경음악을 집어넣음

감정이입

성우학원을 방문했을 때 처음으로 연습했던 대사가 내레이션이었습니다.

아내가 오랜 암 투병 끝에 세상을 떠나고 난 뒤 아내의 유품을 정리하다 우연히 편지를 발견한다.

> 이제 얼마나 남았을까? 내가 당신을 보고 만질 수 있는 시간이…
> 다시는 못 볼 것 같아서 소파 위에서 잠든 당신 얼굴을 몰래 보고서야 잠들었던 날이 많았었어
> .
> .
> 우리의 이별이 아픔 보다는 자기의 웃음을 위한 선물이었음 좋겠다
> 당신을 좀 더 따뜻하게 사랑해주지 못했던 일들 생각할수록 미안해
> 당신은 세상이 내게 준 가장 아름다운 선물이었어

부부싸움 상황극

한번은 남녀가 짝을 지어 부부싸움을 하는 상황극이 있었는데 마침 짝이 된 사람은 30대의 대단한 내공을 가진 실력자여서 그에 질 수 없다는 마음에 혼신을 다해 연기를 하다가 결국은 머리에서 김이 나며 순간 아무 말을 못하고 멈추었던 적이 있었습니다. K.O.를 당한거지요. 나중에 성우지망생으로부터 전해들은 이야기론 내가 그 수업에서 충격을 받아 다음 수업에 참여하지 않을 것이다, 아니다를 두고 자기들끼리 옥신각신했다는 웃지못할 에피소드가 기억에 남습니다.

TV 드라마 소리로 듣기

연기화법으로 감정이입을 잘하려면 TV 드라마를 소리로 듣기를 추천합니다. 드라마를 소리만으로 들을 때 저절로 장소와 거리, 배경, 스토리 등이 연상됩니다. 배우들의 목소리와 더불어 숨소리까지 내면 연기도 선명하게 들립니다. 연기력과 호

흡이 주는 깊은 매력으로 호흡의 중요성을 다시금 느끼게 됩니다. 인물의 성격이 목소리에 그대로 나타나 이상한 변호사 우영우라는 드라마의 경우 극 초반에 새로 등장하는 인물의 목소리만으로도 결과가 미리 예측될 정도입니다.

보통 앱이나 인터넷에서 '라디오 드라마'로 선택해서 들을 수 있습니다.

12. 사례별 목소리 고민 상담

목소리 고민상담을 통해 자신의 목소리 고민을
해결할 수 있고, 자신의 문제가 무엇인지도
파악할 수 있다

12 사례별 목소리 고민 상담

사례 1

Q 목소리가 바뀌면 진짜로 강의가 즐거워지나요?

A 네! 그러나 한 가지 전제조건이 있는데 우선 건강한 목소리를 만들어야 한다는 것입니다. 건강한 목소리로 강의하게 되면 경차를 타던 사람이 중형세단을 타고 고속도로를 달리는 것 같은 안정된 느낌을 느낄 수 있습니다. 음성체력이 길러지면 매끄럽게 잘 달리는 자동차를 타고 드라이브를 하는 것처럼, 강의를 하는 사람도 안정적으로 목소리를 내므로 즐겁게 강의를 할 수 있고, 강의를 듣는 사람도 전달력이 향상되어 만족감을 느끼게 될 것입니다.

사례 2

Q 교수자에게 좋은 목소리란 어떤 목소리입니까?

A 교수자에게 좋은 목소리란 건강한 목소리라고 생각합니다. 목소리는 지금도 좋아야 하지만 앞으로도 좋아야 합니다. 발성기관은 나이가 듦에 따라 노화됩니다. 평소 밝은 마음을 갖고 바른 자세를 유지하며 체력단련을 하고, 발성 훈련을 꾸준히 한다면 건강한 목소리를 가질 뿐 아니라 나이가 들어도 젊고 건강한 목소리를 낼 수 있습니다.

사례 3

Q 최근 들어 인터뷰, 토론, 강좌 등의 활동을 통해 사람들 앞에 나서 이야기할 기회가 늘어나고 있습니다. 문제는 그런 자리에만 서면 유독 목소리가 기어들어가고 우물거리는 소리가 되어 말하고자 하는 내용을 정확하게 전달하기가 어렵습니다.

A 지나친 긴장감은 정신적으로나 신체적으로 무리를 가져오게 됩니다. 온몸활동의 결과로 이뤄지는 발성을 할 때에도 마찬가지입니다. 긴장하면 어깨가 올라가면서 혀, 턱, 입 등이 굳어져 목소리를 내는 행위 자체가 어려워집니다. 그렇게 해서

나오는 소리도 자신이 없게 들리고 말을 하는 사람도 금방 피로감을 느끼게 됩니다. 발표 전에 조음기관 체조를 통해 혀, 턱, 입, 입술 등을 풀어주면 발성기관이 이완되어 발음이 좋아집니다. 웃음은 긴장을 풀어주는 명약이므로 자주 웃으면서 인터뷰나 토론을 하면 발음기관이 이완되고 호흡기능이 좋아져 좋은 목소리가 나오게 될 것입니다.

사례 4

Q 학기 초 대형강의실에서 큰소리로 강의를 하다 보니 목이 상해서 소리가 잘 나오질 않습니다. 당장 수업을 진행하기 어려울 정도입니다.

A 넓은 공간에서 강의를 하면 호흡이 커지고 과하게 사용하게 되는데 이것은 성대를 혹사시켜 목을 상하기 쉽게 만듭니다. 급성으로 목이 상하게 된 경우에는 성대 부위를 손가락으로 잡고 떨면서 애국가를 'ㅇ'허밍으로 불러줍니다. 제가 직접 해본 결과 음정변화가 크지 않고 너무 빠르지 않아 애국가가 가장 적당한 연습교재가 되어주더군요. 그 다음은 후두부를 손으로 마사지를 해줍니다. 이러한 과정으로 피로한 발성 근육을 풀어주면 쉽게 회복될 수 있습니다. 하지만 목이 상한 후 조치를 취하기보다는 생활 속에서 미리 예방하는 것이 중요합니다. 강의 전에 성대를 준비시키고 강의 후 달래주는 습관을 만드는 것은 큰 효과가 있습니다.

사례 5

Q 강의 평가에서 "교수님의 목소리가 단조로워 수업이 지루하고 졸립니다"라는 평가를 받았습니다. 어떻게 하면 제 목소리를 학생들의 주의를 이끌어 내도록 바꿀 수 있을까요?

A 강의란 강의 컨텐츠와 목소리가 따로 분리되는 별개의 것이 아닙니다. 강의 컨텐츠를 목소리라는 도구를 통해 전달하는 것이므로 도구의 질에 따라 컨텐츠 내용을 전달하는 효과가 달라지는 것은 당연합니다.

강의할 때 학습자가 집중할 수 있게 하는 것이 중요합니다. 그렇지 않으면 학생들의 생각이 금방 흩어지고 맙니다. 우선 교수자는 목소리 다이나믹[46)]을 확장시키는 것이 중요합니다. 소리의 강약을 사용하여 분위기를 환기하고 주도시키는 방법, 적절한 제스처로 긴장을 풀어주고 때론 웃음을 주며 집중시키는 방법, 침묵

46) 111쪽 참고

을 통한 주목 효과, 끊어 말하기, 분명한 발음 등은 모두 효과적으로 전달력을 끌어올리는 기술들입니다. 이러한 기술을 연습하기 위해 낭독훈련을 꾸준히 해줍니다.

또 하나, '~고', '~인데', '~하지만', '~이고...' 식으로 늘어지는 말 대신 짧은 문장으로 간략하게 요점만 짚어주는 것이 바람직합니다.

사례 6

Q 나이를 먹으니 강의를 하는 게 체력적으로 많이 힘듭니다. 1시간만 강의해도 피곤해서 혼이 빠져나가는 느낌이 들어요.

A 나이가 들면 음성이 약해지고, 탁하고 거친 소리, 분명치 않은 발음 등의 문제가 생기게 됩니다. 조금만 무리해도 쉰 소리가 나고 몸이 급격하게 피곤해지기도 하죠. 제 경험상 목소리는 다음과 같은 습관을 통해 노화를 늦출 수 있고 오히려 젊어질 수도 있다고 생각합니다. 강의 전후로 후두 마사지와 스트레칭을 일상적인 습관으로 만들고, 노래하기를 취미로 즐겨보세요. 이렇게 하면 발성 기관이 활성화되어 노화를 늦출 수 있습니다.

목소리를 내는 것은 성대와 주변 기관만의 활동이 아닌 온몸작용에 의한 것이므로 규칙적인 운동을 통해 신체의 건강함을 유지하는 것도 건강한 목소리를 내는 데 도움이 됩니다. 교수자에게 목소리 훈련이 필요한 이유는 전달력 좋은 강의를 위해서이기도 하지만 결국은 건강한 목소리로 오랫동안 강단에 설 수 있는 음성체력을 키우기 위한 것입니다.

사례 7

Q 건강한 목소리란 무엇인가요?

A 건강이라는 뜻은 정신적으로나 육체적으로 아무 탈이 없고 튼튼한 상태를 의미합니다. 하루에 몇 시간씩 목을 써야하는 교수자에게 건강한 목소리는 잘 정비된 연장과 같습니다. 건강하지 못한 목소리를 내면 쉽게 피로해집니다. 음성피로가 누적되면 음성질환이 생기게 되므로 평소 건강한 목소리를 내기 위하여 발성훈련을 통해 음성체력을 길러야합니다. 또한 목소리는 근육운동과 온몸활동의 결과물이며 얼굴 표정의 또 다른 표현이라고 할 수 있으므로 의식적으로 밝은 마음

으로 즐거운 표정을 지으며 목소리를 내면 더욱 건강하고 밝은 목소리가 자연스럽게 만들어지게 될 것입니다.

사례 8

Q 건강한 목소리를 내기 위해 연습하는 방법들이 너무 많아서 익히기가 어려운데 훨씬 간단하고 쉬운 방법은 없을까요?

A 복식호흡, 체력증강 등은 단기로 얻어질 수 있는 결과물이 아닙니다. 생활습관의 결과물이죠. 건강한 목소리를 위해 바로 효과를 볼 수 있는 방법도 있습니다. 강의 들어가기 전 3분만 투자하면 됩니다. 일단 스타카토 F·S·S·F훈련[47]을 하고 나서 연극속삭임[48] 방법으로 낭독문을 읽습니다. 이것만으로도 목소리에 힘이 생기고 단단해지는 등 확연히 달라지는 경험을 할 수 있습니다. 강의 들어가서는 웃으면서 진행합니다. 웃으면서 강의하면 발성기관이 이완되어 소리에 울림이 생기고, 음의 강약과 리듬이 살아납니다. 복식호흡도 자연스럽게 이루어집니다. 이 세 가지만 지켜주어도 오랜 시간 지치지 않고 강의를 할 수 있게 됩니다. 이것은 교수자를 위한 가장 간단한 발성법입니다.

사례 9

Q 학생인데요. 다음 주 수업시간에 주제발표가 있는데 전달력을 높이는 방법에 대해 알고 싶습니다.

A 목소리는 방향성과 목표점이 정해져야 직진성을 갖게 됩니다. 목소리의 직진성이 있어야 전달력이 향상됩니다. 너무 긴장한 나머지 많은 사람 앞에서 속삭이듯 말하거나 적은 수의 사람들 앞에서 너무 큰 소리로 말하게 되면 안 되겠죠. 청중에게 초점이 맞춰지면 성량은 알맞게 정해집니다.

사례 10

Q 알레르기 비염 시즌에는 목이 많이 불편하여 강의가 어려워요.

A 저도 매년 4월이면 알레르기로 재채기, 콧물, 나른함, 눈 충혈 등으로 고생하고 있습니다만 지금은 비교적 가볍게 비염이 지나갑니다. 알레르기 비염 증상을

47) 79쪽 참고
48) 81쪽 참고

경감시키는 방법을 소개시켜드릴게요.

4월경 꽃가루가 날릴 때쯤 되면 주차된 차 위에 노란 꽃가루가 수북이 덮여 있는 걸 볼 수 있죠? 그 꽃가루가 코를 통해 비강에 접촉되어 알레르기를 유발합니다. 비강에 잔뜩 묻어있는 꽃가루를 씻어내는 작업을 해주니 전에 있었던 증상의 70% 정도 줄어들었습니다. 어느 정도 견딜 수 있는 수준으로 경감되었지요. 비강을 씻어내는 방법은 식염수를 코 세정기 안에 담아 코 안으로 흘려보내 주면 됩니다. 알레르기가 도질 기미가 보이거나 외출하고 돌아오면 코 세정기로 코 세정을 해줍니다. 이건 대단한 발명품이라고 감탄하며 사용하고 있습니다.

사례 11

Q 연기화법을 쉽게 연습할 수 있는 방법 있나요?

A 연기화법을 연습하면 목소리가 말랑말랑해져 음성 다이나믹이 커집니다. 일상에서도 쉽게 연기화법을 연습할 수 있습니다. 밥상 앞에서 밥 먹을 때 '으음~ 맛있다'를 해보세요. 가족, 친구, 동료 앞에서 얼굴에 여러 가지 표정을 담아서 해보세요. 민망하면 혼자 있을 때 해도 좋습니다. 어떤 것이든 자주 하면 자연스럽게 말할 수 있어요.

사례 12

Q 목소리에 힘이 없고 어두워요.

A 슬프거나 기운이 없을 때 아무리 목소리를 밝고 힘 있게 내려고 해도 힘없고 어두운 목소리가 나게 되고, 반대로 기분이 좋고 설렐 때는 아무리 노력해도 힘없고 어두운 목소리를 내기 어렵습니다. 목소리는 감정 상태를 표현하는 척도입니다. 평소 우울하면 힘없고 어두운 목소리가 나게 됩니다. 교육심리학에서 '감정이 학습을 지배한다'라고 합니다.[49] 가르치는 사람의 감정은 그대로 배우는 사람에게 전달된다고 합니다. 우리의 생각과 감정이 목소리에 큰 영향을 미치기 때문에 평소 긍정적이고 밝은 생각을 가지는 것부터 실천하면 좋습니다. 밝은 생각과 바른 자세로 명랑한 톤의 음성을 내도록 노력해보세요.

---

49) Albert Mehrabian (1980). *Silent messages : implicit communication of emotions and attitude*. Belmont, CA: Wadsworth pub co.

사례 13

Q 목소리가 성격과 관련 있나요?

A 목소리는 성격과 많은 연관성이 있습니다. 긍정적이고 능동적으로 생각하는 사람은 적극적인 목소리를 내고, 생각이 많고 소심한 사람은 목소리도 조심스럽게 내므로 목소리가 작고 여린 경우가 많습니다. 적극적인 사람은 목소리도 크고 당당하게 말하기 때문에 리더쉽이 있다는 평가를 받습니다. 목소리가 굵은 사람은 대개 성격이 느긋합니다. 굵은 목소리를 내기 위해서는 성대를 이완시켜 성대 위치를 내려야 하고 강한 호흡을 써야 합니다. 그러자면 이런 준비 동작을 하는데 시간이 필요하므로 성격이 급한 사람은 굵직한 목소리를 낼 수가 없게 됩니다. 목소리가 좋게 변해 성격과 인생이 달라졌다는 이야기도 쉽게 찾아볼 수 있습니다. 항상 밝게 웃고 건강한 육체를 지키기 위해 운동을 한다면, 소리에도 그러한 기운이 묻어나 낭랑한 웃음소리를 닮은 소리를 낼 수 있게 될 것입니다.

사례 14

Q 자세가 목소리에 미치는 영향이 큰가요?

A 강의를 하는 사람의 자세를 유심히 살펴보면 자세가 좋지 않은 사람이 좋은 목소리를 내는 경우는 드물다고 할 수 있습니다. 아니, 거의 없다고 해도 과언이 아닙니다.

바른 자세는 올바른 발성과 좋은 목소리를 내기 위한 기본입니다. 목소리를 내는 것이 단순히 성대를 울리고 입과 혀를 움직여 내는 소리가 아니라 온몸을 이용하는 작용에 의한 것이기 때문입니다. 어떤 음성학자들은 불균형하고 흐트러진 자세가 목소리 질환의 원인이 되기도 한다고 말하고 있습니다. 자세는 호흡과 공명, 성대접촉 등 음성기관에 절대적으로 영향을 미칠 수밖에 없기 때문입니다. 습관적으로 구부정한 자세, 자신감이 부족해 움츠러든 자세, 등과 어깨가 굽은 자세에서는 숨이 부족할 수밖에 없고, 그렇게 되면 목청만으로 큰소리를 내려고 하게 되므로 성대의 피로감이 커집니다. 좋은 목소리의 기본기는 바른 자세에서부터 비롯됩니다.

사례 15

Q 후두마사지가 목소리 개선에 도움 되나요?

A 언젠가 가수 박정현이 '나는 가수다'라는 프로그램에 출연해 무대에 오르기 전 선보인 후두마사지가 실제로 목소리 개선에 도움을 준다는 연구결과가 있습니다. 충북도립대 생체신호분석연구실에서 '목소리 상자'로 불리는 후두를 반복적으로 자극하게 한 뒤 음성변화를 분석한 결과를 발표했습니다.[50] 그 결과 마사지 전에 비해 목소리의 안정성을 나타내는 지터(성대진동 변화율)는 평균 0.32%, 쉼머(음성파형의 규칙성)는 평균 0.468㏈ 낮아졌습니다. 일반적으로 '지터 와 쉼머'가 작을수록 안정되고 또렷한 목소리로 평가됩니다. 연구진은 "운동 후 마사지가 근육의 피로를 풀어주듯 후두 마사지도 피로회복에 도움이 된다는 사실을 입증했다"며 "후두마사지가 아나운서, 가수, 성우 등 목소리와 관련된 이들에게 효과적인 관리법이 될 것"이라고 말했습니다.

사례 16

Q 일상적인 목관리에서 피해야 하는 습관과 좋은 습관은 무엇이 있나요.

A 먼저, 성대에 해로운 환경은 최대한 피하는 것이 좋습니다.

커피, 담배, 술과 같은 기호식품, 자극적이고 기름진 음식, 야식 및 과식 등은 위산 역류를 유발할 수 있으므로 피하는 것이 좋습니다. 위산 역류증으로 위산 역류성 인후염이 유발되면 목에 치명적인 해를 끼칩니다.

바람이 많이 부는 날이나 황사나 미세먼지가 많은 날에는 마스크를 쓰고 건조한 환경에 노출되지 않도록 하고, 장시간 에어컨이나 히터에 노출되지 않도록 주의해야 합니다. 감기나 알레르기가 있을 경우 가능한 빨리 병원에 방문하여 치료를 받는 것이 좋습니다.

충분한 물을 마시고 가습기를 사용하여 실내가 건조하지 않도록 하는 것이 좋습니다. 추운 날에는 목에 보온용 목도리와 마스크를 착용하여 목을 따뜻하게 유지하여 감기에 걸리지 않도록 하는 것이 좋습니다.

---

50) 임성수, 임순용, 김봉현, 가민경, 조동욱 (2011). "후두 마사지를 이용한 음성 향상도 분석 및 평가", 한국통신학회 학술대회 논문집, 2011(6), 99-100.

사례 17

Q 목소리 톤이 너무 높고 가성을 써요.

A 목소리 톤이 높다는 것은 그만큼 숨을 담는 위치가 높다는 의미입니다. 그러므로 호흡을 가슴보다 낮은 위치의 배로 바꾸는 것이 필요합니다. 김주하 아나운서처럼 부드러운 중저음을 갖고 싶다면 목소리 무게중심을 아래쪽에 두도록 해야 합니다. 말을 할 때 의식적으로 가슴에 손을 대고 가슴 울림이 느껴지도록 하면 매력적인 중저음이 발달될 것입니다.

사례 18

Q 목소리가 작고 웅얼거려요.

A 목소리가 너무 작고 웅얼거리는 사람은 입을 크게 벌리지 않는 습관이 있습니다. 낭독훈련을 할 때 입을 크게 벌리고, 모음 'ㅣ'를 발음할 때 입을 옆으로 쫙쫙 찢어주며 또박또박 읽어 보세요, 이때 어미는 도장 찍듯이 강하게 마무리해줍니다. 또 호흡과 함께 스타카토 F·S·S·F훈련을 하면 힘있는 소리를 낼 수 있습니다.

사례 19

Q 강의 들어가면 목이 금방 쉬고 갈라져요.

A 강의 들어가기 전 3분만 아랫배가 크게 움직이도록 스타카토 F·S·S·F훈련을 하고 이어서 연극속삭임 훈련을 해줍니다. 이 훈련을 하면 호흡기능과 가성대가 활성화됩니다. 호흡기능이 활성화되면 강한 호흡으로 큰소리를 낼 수 있게 하고, 가성대가 활성화되면 후두실[51]에서 점액과 수분의 분비가 촉진됩니다. 성대를 촉촉하게 적셔주면 오래 강의해도 목을 쉬지 않게 하고 지치지 않게 합니다. 즉 음성체력이 강해지는 거지요.

사례 20

Q 말을 너무 빨리해서 사람들이 잘 알아듣지 못해요.

A 말이 빠른 사람들은 기본적으로 한음 한음을 제대로 성의있게 발음하기보다는 후루룩 날리듯이 말하는 경우가 많습니다. 입을 크게 벌리고 정확한 모음의 음가

---

51) 그림 39 참고

를 내면서 낭독훈련을 하면 훨씬 말의 속도가 느려지고 정확해질 수 있습니다. 특히 강조할 부분은 천천히 또박또박 말하며 강의를 할 때에는 학생이 머릿속으로 받아쓰기를 할 수 있는 속도로 말하는 것이 적당합니다.

사례 21

Q 패션과 3학년 학생인데요. 고등학교를 방문하여 저희 학과 진로에 대해 3시간 동안 설명하다 보니 목이 아파요.

A 우리는 대부분의 시간에 가족과 대화하거나 친구를 만나 조용히 대화합니다. 그러니 우리 성대는 조용한 대화를 하는데 적응이 되어있습니다. 어쩌다 대중 앞에서 강연을 하게 되면 안 쓰던 근육을 쓰게 되어 목이 과로하게 되어 급작스럽게 피로감을 느끼거나 통증을 느낍니다. 대중 앞에서 설명을 하게 되면 입을 크게 열고 큰 호흡으로 바깥 공기 흡입을 많이 시키므로 성대를 마르게 합니다. 성대가 마르면 성대의 떨림이 원활하지 않아 쉽게 피곤해집니다. 그러므로 대중 앞에서 강연할 때에는 물을 자주 마셔주는 것이 좋습니다. 물을 마시면 식도를 통해 위로 들어가 혈액으로 흡수되고, 피에 흡수된 물은 성대조직으로 가서 수분을 분비하여 성대를 적셔줍니다. 점액과 함께 적셔진 성대는 윤활작용이 생겨 성대 운동을 원활하게 하도록 도와주고 목 통증을 완화해줍니다.

사례 22

Q 저는 거북목인데 어떻게 하면 좋은 목소리를 낼 수 있나요?

A 거북목은 건강에도 좋지 않지만 얇고 힘없는 목소리를 내게 하는 바르지 못한 대표적인 자세입니다. 거북목인 사람은 대개 어깨가 움츠러진 자세를 하고 있는데 어깨가 움츠려져 있으면 자칫 자신감이 결여된 인상을 주는 것은 물론, 목소리도 약하게 되어 말을 하면 쉽게 피곤해지고 목을 쉽게 상하게 만듭니다.

거북목을 교정하기 위한 간단한 방법은 앞가슴을 앞으로 내미는 것입니다. 앞가슴을 앞으로 내밀게 되면 거북목을 만들기 어렵게 되고 눌려있던 후두부가 열리게 되어 건강한 목소리가 나오게 됩니다. 앞가슴을 앞으로 내미는 습관을 가지면 목소리도 좋아지고 거북목도 사라질 것입니다. 저의 경우는 걷거나 서있을 때 습관적으로 뒷짐을 지고 있습니다. 뒷짐자세를 취해주면 가슴이 저절로 펴져서 앞가슴을 내미는 것과 비슷한 효과를 낼 수 있습니다.

사례 23

Q 감기가 걸리지 않았는데 왜 기침이 나는 걸까요?

A 감기가 걸리지 않았더라도 헛기침이 날 수 있습니다. 기관지 내부에 점액의 분비가 감소되면 목이 간질간질해져 헛기침을 유발하게 됩니다. 헛기침을 하게 되면 성대 근육이 순간적으로 발작을 일으키는 상태가 되므로 목이 쉬 피로해집니다. 헛기침이 자주 나는 경우에는 기관지 내부가 건조해지지 않도록 휴대용 네뷸라이저(증기 흡입기)[52]를 사용하는 것도 좋은 방법입니다.

사례 24

Q 타고난 자기 목소리가 있을까요?

A 사람은 자신의 성대 조건에 맞는 자신의 본래 목소리가 있다고 합니다. 이 본래 목소리를 찾아서 소리를 내주어야 건강한 목소리를 낼 수 있습니다.

30년간 스피치 클리닉을 운영한 음성치료의 대가인 모튼 쿠퍼 박사는 대부분의 사람들이 내고 있는 목소리는 타고난 자신의 본래 목소리가 아니라 살면서 강하게 인상 받은 사람의 목소리를 흉내 낸 목소리가 많다고 합니다. 선천적인 자신의 음역대를 벗어난 소리를 지속적으로 내면 몸이 쉽게 피곤해지고 성대사고가 발생된다고 합니다. 목소리를 개선하기 위한 첫걸음으로 자기 목소리의 음높이를 찾는 것입니다.

사례 25

Q 발성훈련이고 낭독훈련이고 다 귀찮습니다. 목소리가 좋아지는 한 가지만 알려주세요.

A 지금까지 소개한 발성법을 체화하기 어렵다면, 단 1초 만에 발성기관을 이완시키는 방법을 알려드리겠습니다. 단 1초 만에 발성기관을 이완시켜 소리 울림이 생기게 하고, 음의 강약과 리듬이 생기게 하여 학생들의 주의를 집중시키고, 복식호흡이 저절로 되어 오랫동안 강의해도 피곤하지 않게 하는 교수자를 위한 초간단 발성비법입니다. 알고 나면 너무 간단해서 웃음이 나올 수 있습니다. 그 비법은 웃으면서 강의하는 것입니다.

---

52) 그림 70 참고

사례 26

Q 건강한 목소리를 내기위해 평소 어떻게 하면 되는지 말씀해주세요.

A 교수자에게 목은 연장과도 같습니다. 평소 목을 잘 관리하면 오래 사용해도 목을 쉽게 다치지 않고 건강하게 유지할 수 있습니다. 운동선수가 평소 루틴을 통해 근육을 관리하고 단련하듯이, 목소리를 잘 내기 위해서 강의 전후에 목을 푸는 준비운동과 정리운동이 필요하며 지속적인 목 관리 습관이 필요합니다. 또한 평소 말을 조곤조곤하게 하면 발성기관이 퇴화되므로 힘있는 소리로 대화하는 습관을 갖는 것이 좋습니다.

사례 27

Q 복식호흡이 어려워요.

A 복식호흡이 발성의 전부라고 할 정도로 복식호흡은 발성의 시작이자 끝입니다. 아기들이 숨을 쉴 때는 아랫배가 움직입니다. 복식호흡을 하는 것이죠. 하지만 어른이 되면서 점차 가슴으로 호흡하는 흉식호흡으로 바뀌게 됩니다. 살면서 오랫동안 굳어진 호흡습관을 바꾸는 것은 쉽지 않습니다. 그러나 직업적으로 목을 많이 사용하는 사람이라면 반드시 복식호흡을 생활화해야 합니다. 복식호흡을 훈련하는 동안에는 누워서 잠들기 전, 지하철 좌석에 앉거나 서있을 때는 물론, 걸을 때에도 항상 복식호흡을 염두에 두어야 합니다. 그러다보면 어느샌가 자연스럽게 복식호흡을 하는 것이 몸에 배어서 굳이 의식하지 않고도 항상 복식호흡을 하는 상태가 될 것입니다. 복식호흡을 하면 목소리 고민의 대부분이 해결됩니다.

제 경우는 박사과정을 마치고 한국과학기술연구원에서 근무할 때 집중력 향상을 위해 시작한 단전호흡이 발성과 합창활동을 할 때 큰 도움이 되고 있습니다.

사례 28

Q 조음기관 체조 종류가 너무 많은데 그걸 다 해야 하나요?

A 성대에서 만들어진 풀피리 같은 소리는 턱, 혀, 입, 입술 등과 같은 조음기관의 움직임으로 인해 말로 만들어집니다. 이 조음기관이 원활하게 움직여져야 발음이 명확해지는데 이 기관의 움직임이 게을러지면 말이 뭉개지듯 들리게 됩니다.

조음기관에서 키 포인트가 있습니다. 바로 아래턱입니다. 천안삼거리 같은 곳이지요. 아래턱과 혀뿌리는 연동되어 있습니다. 아래턱을 풀어주면 입과 혀의 움직임이 원활해집니다. 긴장을 하게 되면 자신도 모르게 아래턱을 꽉 깨무는 습성이 있습니다. 긴장할수록 아래턱 근육을 풀어주면 좋습니다. 방법은 △아래턱에 힘을 빼서 입이 약간 벌어지게 만듭니다. △양손 엄지로 양쪽 귀 밑 아래턱부분을 누릅니다. △양손 엄지를 앞 방향으로 계속 돌려줍니다. 이와 같이 해주면 바로 턱에 기름칠을 한 것처럼 움직임이 부드러워짐을 느낄 수 있을 것입니다.

사례 29

Q 목소리 훈련을 하면 목소리가 정말 좋아질 수 있나요?

A 발성은 누군가에게 배우지 않아도 스스로 자연스럽게 내는 소리이며 각각의 소리마다 개성이 묻어납니다. 이렇듯 각자의 개성이 묻어나는 소리를 낼 때 문제는 자기만의 목소리를 몸에 익히고 오랫동안 사용했기 때문에 혹여 문제가 있어도 그것을 알아차리지 못하고 타고난 조건이 나쁘다고 착각하게 된다는 것입니다. 발음이 나쁜 것, 목소리가 작거나 혹은 지나치게 큰 것, 호흡이 달리는 문제, 장시간 이야기할 때 목이 아프다거나 쉰소리가 나는 것 등은 모두 잘못된 습관에 의한 것이지 타고난 목소리가 나쁜 탓이 아닙니다.

목소리라는 자본은 누구나 가지고 있습니다. 그것을 어떻게 갈고 닦아 활용하는지는 개개인의 몫이며 선택입니다. 건강한 나의 목소리를 찾는 일은 결코 어려운 일이 아닙니다. 누구나 조금만 관심을 가지고 연습하면 충분히 가능한 일입니다. 실제로 제가 겪었고 체험했기에 자신있게 말씀드릴 수 있습니다. 타고난 목소리도 훈련을 통해 더 나은 목소리로 만들 수 있습니다. 목소리에 자신이 생기면 강의나 말하기에도 더 자신감이 생기게 됩니다.[53)]

---

53) 우지은 (2016). "목소리 변화가 자신감, 자아존중감, 긍정적 사고에 미치는 영향", 석사학위 논문, 고려대학교 언론대학원 방송전공.

사례 30

Q 발성법에 대해 전문적으로 배워보고 싶은데 어떻게 해야 하나요?

A 저는 교수자로서 즐겁게 강의하기 위해 목소리가 중요하다는 점을 알리고 싶어 이 책을 냈습니다. 이 책을 읽고 목소리 발성원리를 이해하고 나면 자신의 목소리가 어떤 부분에 부족함을 갖고 있는지 스스로 진단하는데 도움이 될 것입니다. 스피치 능력을 갖고 싶은지, 발음을 또박또박하고 싶은지, 복식호흡을 전문적으로 배우고 싶은지, 연기화법을 배우고 싶은지 등과 같이 개선하고 싶은 부분도 분명히 정해지겠지요. 그런 것이 결정되면 해당 전문학원에 등록해 도움을 받는 것이 가장 효과적입니다.

사례 31

Q 웃으면서 강의하면 강의가 즐거워지나요?

A 어떤 개그맨이 이런 말을 했습니다. '행복해서 웃는 것이 아니라 웃어서 행복한 것이다'라구요. 저는 이 말을 조금 바꿔 '웃으면서 강의하기 때문에 강의가 즐거워진다'라고 표현하곤 합니다.

웃을 때는 볼 근육이 위로 당겨지면서 연구개가 열리게 되어 구강공명과 두성공명이 생기게 됩니다. 두성은 맑으면서 약간 높은 소리가 특징인데 반가운 사람을 만났을 때 얼굴에 미소가 번지면서 '안녕'이라고 할 때 나도 모르게 약간 높은 소리가 나는 현상과 같습니다. 그리고 웃으면서 말을 하면 인후가 열려 명랑한 소리가 나고, 발성기관들이 이완되어 건강한 소리를 낼 수 있습니다. 이렇게 웃으면서 강의하면 밝고 명랑한 소리로 목소리가 바뀌게 되고, 또 웃으면서 강의를 하다보면 학생들과의 교감에서도 긍정적인 반응을 일으켜 수업의 분위기가 밝고 좋아지는 경험을 할 수 있습니다. 이제 웃으며 강의하세요. 크게 웃을수록 좋습니다. 웃으면서 강의하면 강의가 달라집니다. 강의가 즐거워집니다.

참고문헌

- KBS아나운서실한국어연구회(1991). "아나운서 교본". 서울: KBS문화사업단.
- 고도흥(2013). 언어기관의 해부와 생리 : 발성에서 지각까지. 서울: 학지사.
- 권순복(2009). 선행연구 분석을 통한 매력적인 목소리의 특성 연구. 한국언어치료학회, 18(4), 105-122.
- 김나현 · 김경수(2011). 후비루 증후군. 대한비과학회, 18(1). 16-19.
- 김미경(2010). 아트 스피치. 파주시, 경기도: 21세기북스.
- 김진한(2012). 교사를 위한 교직실무(제2판). 서울: 학지사.
- 김희권(2012). 발성에도 법칙이 있다. 서울: 음악도서출판 셀라.
- 남도현 · 최홍식 (2007). 호흡과 발성. 연세대학교 의과대학 음성언어의학연구소, 파주시, 경기도: 군자출판사.
- 문영일(1984). 발성과 공명. 서울: 청우.
- 문영일(1984). 아름다운 목소리 : 알기 쉬운 음성학. 서울: 청우.
- 문영일(1987). 기초 음성학과 발성기법. 서울: 청우.
- 문영일(1989). 호흡과 발성. 서울: 청우.
- 블랜딘 칼라이스 저메인, 프랑수와 저메인, 김민호 옮김(2015). 발성을 이해하기 위한 목소리 해부학. 서울: 영문출판사.
- 숭실대학교 교무처(2009). 교수를 위한 학생들의 수다. 서울: 두리미디어.
- 신나민 · 이정훈(2009). 교사의 목소리 매체에 대한 학생의 감정적 반응 및 선호하는 교사 목소리의 특질. 교육공학연구, 25(4), 29-52.
- 신재흡(2019). 21세기 스마트시대의 교사 양성을 위한 교육방법 및 교육공학. 서울: 동문사.
- 안철민(2009). 목소리가 바뀌면 인생이 바뀐다. 서울: 세상의 아침.
- 우지은(2016). "목소리 변화가 자신감, 자아존중감, 긍정적 사고에 미치는 영향". 석사학위 논문, 고려대학교 언론대학원 방송전공.
- 이승헌(1992). 단전호흡. 이승헌, 서울: 대원사.
- 임성수 · 임순용 · 김봉현 · 가민경 · 조동욱(2011). "후두 마사지를 이용한 음성 향상도 분석 및 평가", 한국통신학회 학술대회 논문집, 2011(6), 99-100.
- 조벽(2006). 조벽 교수의 명강의 : 노하우 & 노와이. 서울: 해냄.
- 조벽교수(2004). 나는 대한민국의 교사다. 서울: 해냄.
- 조셉 터로우·정혜윤 옮김(2022). 보이스 캐처 : 지금 당신의 목소리가 팔리고 있다. 서울: 미래의 창.
- 존 콜라핀토 · 고현석 옮김(2021). 보이스 : 목소리는 어떻게 인간의 삶을 결정하는가. 서울: 매일경제신문사.
- 최홍식(1998). 성도공명(vocal tract resonance). 대한음성언어의학회, 1998년도 제10회 학술대회 심포지움, 1998(Nov. 01), 201-207.
- 최홍식(2023). 훈민정음 음성학, 이비인후과 전문의 눈으로 본 훈민정음 제자해. 파주시, 경기도: 이회.
- 홍정환(2015). 교사 70% 직업병 시달려… '성대질환' 최다. KBS 방송 2015년 5월 15일.

- 황보명·한의진(2015). "목소리로 연상되는 이미지에 관한 연구", 한국언어치료학회, 24(4), 249-257.

- https://m.blog.naver.com/PostView.naver?isHttpsRedirect=true&blogId=hoseread1&logNo=20197589566, "기침: 마른 기침 치료하기", 경희숨편한한의원, 2013.10.16.

- Albert Mehrabian(1972). Nonverbal Communication. OX, U.K.: Routledge.
- Albert Mehrabian(1980). Silent Messages : Implicit Communication of Emotions and Attitude. Belmont, CA: Wadsworth pub co.
- Cicely Berry(1991). Voice and the Actor. Hoboken, NJ: Wiley.
- Cindy Long(2016). Teacher Voice Problems Are an Occupational Hazard. Here's How to Reduce the Risk. Washington, DC: National education association today.
- Dr. Morton Cooper & Dr. John M. Curtis(2006). Curing Hopeless Voices : the Strangled Voice (spasmodic dysphonia) & Other Voice Problems with Direct Voice Rehabilitation. Aurora, CO: Voice & speech company of America.
- Jean Abitbol(2016). The Power of the Voice. San Diego, CA: Plural publishing inc.
- Kate DeVore & Starr Cookman(2020). The Voice Book : Caring for, Protecting, and Improving Your Voice. Chicago, IL: Chicago review press.
- Morton Cooper(1984). Change Your Voice Change Your Life : a Quick, Simple Plan for Finding & Using Your Natural, Dynamic Voice. New York: Macmillan publishing co.
- Nobuhiko Isshiki(1989). Phonosurgery, Theory and Practice : Resonance and Articulation of the Vocal Tract. 1st ed. Tokyo: Springer-verlag, 14-18.
- Roy, N., Merrill, R. M., Thibeault, S., Parsa, R. A., Gray, S. D., Smith, E. M. (2004). Prevalence of Voice Disorders in Teachers and the General Population, *Journal of speech, language, and hearing research*, 47(2), 281-293.
- Shin, N. & Lee, J.(2009). *Teachers' Perceptions of Occupational Use of Voice: A Survey Study*, Occupational Voice Symposium 2009: Protecting the voice in the workplace, March 25-26, London, U.K.
- Theodore Dimon(2018). Anatomy of the Voice : an Illustrated Guide for Singers, Vocal Coaches, and Speech Therapists. Berkeley, CA: North Atlantic books.

:: 에필로그

저는 음성학 전문가는 아니지만 직업적으로 목소리를 사용하는 음성 사용 전문가입니다.

교수자로서 나의 강의가 학생들의 성장에 도움이 되고 그들이 성장하는 모습을 보는 것은 참으로 보람된 일입니다. 학생들을 앞에 두고 교단에 서는 일, 그것이 바로 오랜 세월동안 저의 존재 의미입니다.

그러나 강의 준비를 열심히 하고 열정적으로 강의를 해도 어째서 학생들의 반응은 늘 기대에 미치지 못할까 하는 의문을 가져왔습니다. 그리고 결국 이러한 문제는 제가 가지고 있던 목소리에 대한 콤플렉스와 결핍이라고 보고 그것을 채울 방법을 고민하게 했고 이를 해결하는 열쇠를 목소리 연구를 통해 찾게 되었습니다.

저는 목소리가 좋지 못한 편이라고 생각해 왔습니다. 녹화된 동영상 강의를 들어보면 잘못된 음성습관이 많았고 목소리도 마음에 들지 않았습니다. 물론 지금도 저의 능력에 만족하지 않습니다만 저는 좋은 목소리를 갖기 위해 꾸준히 노력하고 있습니다. 아마 목소리에 관심과 노력을 기울이지 않았다면 지금보다 훨씬 더 안 좋은 결과가 있었을지도 모릅니다. 어쩌면 강의하는 일이 지금보다 행복하지 않았을 것이고 빨리 은퇴할 날만을 기다리고 있었을지도 모릅니다.

하지만 목소리 훈련이라는 방법을 통해 저는 강의하는 맛을 새롭게 알게 되었습니다. 지금도 저는 목소리를 보다 건강하게 갈고 닦으며 즐겁게 목소리를 탐구하는 여정을 이어가고 있습니다.

강단에 서는 일을 하는 분들 중에도 분명 저와 같은 고민을 하는 분들이 계실 거란 생각에 교단에서 느꼈던 목소리와 관련된 고민과 애환을 나누고자 책을 집필하게 되었습니다. 이 책에서 소개한 훈련 방법들은 실제로 제가 체험한 방법들 중 교수자에게 효과가 있다고 생각한 것들을 간추린 것입니다.

목소리에 대한 콤플렉스로 강의 자체에 대한 부담과 스트레스를 겪고 있을 분들, 혹은 목 관련 질환으로 고생하고 있을 분들 그리고 어쩌면 과거 저와 같은 고민을 하고 있을 교수자들에게 저의 경험을 나누어 드리고자 합니다.

목소리 훈련이란 결코 어려운 일이 아닙니다. 누구나 꾸준한 연습과 의지만으로도 많은 것을 바꿀 수 있습니다. 자신의 목소리에 대한 자신감과 애정을 가지고 변화를 시도해보세요. 이 책이 부족하나마 도움이 되어드릴 것이라 자신합니다. 목소리는 타고나는 것이 아니라 만들어지는 것이라는 사실을 꼭 기억해주십시오.

목소리의 변화로 새로운 강의 인생을 즐기는 저와 함께 많은 교수자들도 자신감과 즐거움을 찾으시길 바랍니다.

목소리가 바뀌면 강의가 즐거워진다

초판1쇄 인쇄 2023년 8월 10일
초판1쇄 발행 2023년 8월 10일

저 자 안 영 무
감 수 최 홍 식
발행인 이 창 원
발행한곳 한성대학교 출판부

주 소 서울특별시 성북구 삼선교로16길 116
대표전화 02) 760 - 4174
팩시밀리 02) 760 - 5969

편집제작 대자커뮤니케이션 | 02) 2269-6724

ISBN 978-89-6820-056-4 03700

정 가 20,000원